AF536355

Marcel Lehmann

DEIN LEBEN IST LEBENSWERT!

Inspirierende Gedanken zum Leben

VERRAI-VERLAG
STUTTGART

VITA

Mein Name ist Marcel Lehmann. Ich wurde im Jahre 2000 in Wuppertal geboren. Hier bin ich auch aufgewachsen und zur Schule gegangen. Mein Abitur machte ich im Jahre 2018. Nach der Schulzeit absolvierte ich ein Freiwilliges Soziales Jahr und begann ein duales Studium Soziale Arbeit in Düsseldorf, das ich derzeit noch ausübe. Seit 2017 betreibe ich aktiv Kampfsport. Aus einem Hobby wurde mit den Jahren eine große Leidenschaft. Der Sport lehrte mich nicht nur, mich fit und gesund zu halten, sondern auch über meine eigenen Grenzen zu gehen. Er machte mich stärker und selbstbewusster. Viele Dinge und Eigenschaften, die ich im Sport gelernt habe, konnte ich und kann ich heute auf andere Lebensbereiche beziehen. Der Sport war wie ein Anker für mich, der mir immer wieder Halt gab und mir zeigte, was es bedeutet, zu kämpfen. Denn nicht immer verlief mein Leben geradlinig. Viele Jahre litt ich selbst unter einer schweren Krankheit: Depressionen, kombiniert mit einer Angststörung. Sie machte es mir nicht immer leicht, das Leben als lebenswert zu betrachten. Und trotzdem weiß ich, dass es auch in dieser dunklen Zeit ein Licht gab und dass es sich allemal lohnte weiterzukämpfen. Das war mitunter auch der größte Motivationspunkt, dieses Buch zu schreiben. Ich möchte mit meinem Buch allen, vor allem aber denjenigen, die momentan in einer schwierigen Lebensphase stecken, Mut und Hoffnung schenken und euch ermuntern, dass das Leben zu jeder Zeit lebenswert ist, auch wenn es nicht den Anschein danach macht. Basierend auf meinen bisherigen Lebenserfahrungen mit meinen Höhen sowie Tiefen und meinen Erfahrungen im Bereich des Kampfsportes habe ich das Wichtigste in diesem Buch zusammengefasst. Danke vorab für jeden Einzelnen, der sich mit seiner Zeit diesem Buch widmet. Ich hoffe, ich kann dich inspirieren und dir zeigen, dass dein Leben lebenswert ist!

Folgen Sie mir auf:

Instagram@marss717
facebook@MarsMars

DANKSAGUNG

Für Angelika, Marco und Alina

VORWORT

Für wen dieses Buch geschrieben ist?
Für alle.
Für alle, die sich mehr aus ihrem Leben versprechen.
Und für alle, die das Beste aus sich selbst und ihrem Leben machen wollen.
Besonders aber für diejenigen, die vom Leben auf die Knie gezwungen wurden.
Und für all diejenigen, die sich nicht gut genug fühlen.

Ich habe dieses Buch nicht geschrieben, weil ich der Meinung bin, die Probleme und das Leid von dem ein oder anderen zu lösen, geschweige denn zu heilen. Ich bin weder Arzt noch Psychologe. Alles, was ich in diesem Buch schreibe, basiert auf meinen eigenen Erfahrungen und meinen persönlichen Empfindungen. Ich selbst bin begeisterter Kampfsportler, trainiere Muay Thai und kämpfe in der Disziplin Kickboxen K1. Auf der anderen Seite der Medaille habe ich aber auch schon tiefe Punkte in meinem Leben erlebt, in denen mir die Hoffnung auf ein lebenswertes Leben gefehlt haben. Ich war geprägt von einer inneren Leere und einer tiefen Trauer.

Ich möchte keinen beeinflussen oder von meiner Meinung überzeugen, sondern lediglich einen Anreiz dafür geben, auch mal über das Leben nachzudenken und nicht nur in den Tag hineinzuleben. Denn dafür sind die Tage, die wir auf dieser Erde haben, zu kostbar. Ich möchte dazu anregen, sich auch mal mit sich selbst und mit seinem eigenen Leben auseinanderzusetzen. Vor allem aber möchte ich mit dem Buch jedem Mut und Hoffnung schenken, denn alles, was im Leben passiert, hat seinen Grund. Irgendwann wird all der Schmerz, der uns widerfährt, Sinn machen. Wir haben das Leben geschenkt bekommen.

Wir alle haben das Geburtsrecht,
ein lebenswertes Leben zu leben.

INHALTSVERZEICHNIS

Vita . . . 4
Danksagung . . . 7
Vorwort . . . 8
Kapitel 1 Wie war dein Leben? . . . 12
Kapitel 2 Was ist das Leben? . . . 15
Kapitel 3 Gibt es einen tieferen Sinn im Leben? . . . 17
Kapitel 4 Keine problemlose Welt! . . . 19
Kapitel 5 Der Anfang und unsere Startvoraussetzungen . . . 24
Kapitel 6 Innerer Frieden . . . 27
6.1 Verzeihen und Vergeben . . . 27
Kapitel 7 Vergangenheit . . . 29
7.1 Kindheit . . . 29
7.2 Vergangenes Leid . . . 31
Kapitel 8 Unsere Gegenwart . . . 35
8.1 Individuum . . . 37
8.2 Gesellschaft . . . 39
8.3 Dieses Etwas, das uns von all den anderen unterscheidet . . . 42
Kapitel 9 Vergleichen und Verurteilen . . . 46
9.1 Der ständige Vergleich . . . 46
9.2 Das ständige Verurteilen . . . 47
Kapitel 10 Unser Äußeres . . . 50
10.1 Selbstbild . . . 52
10.2 Was bringt uns unser Äußeres? . . . 53
Kapitel 11 Die Schwächen der anderen . . . 57
11.1 Exkurs: Mobbing . . . 58
Kapitel 12 Gegenwärtiges Leid . . . 61
Kapitel 13 Unsere Persönlichkeit . . . 64

Kapitel 14 Mindset eines Kämpfers 68
14.1 Die Einstellung, ein Kämpfer zu sein 69
14.2 Das tiefe Vertrauen in uns selbst 71
14.3 Mut 75
14.4 Disziplin 77
14.5 Durchhaltevermögen 79
14.6 Der eiserne Wille 81
Kapitel 15 Dankbarkeit und Demut 83
Kapitel 16 Zukunft 86
16.1 Träume 86
16.2 Komfortzone 91
16.3 Der Weg ist das Ziel 94
16.4 Verliebe dich in deinen Weg 94
Kapitel 17 Unsere Zeit ist gezählt 96
17.1 Das Ende unseres Lebens 96
Kapitel 18 Worauf kommt es im Leben also an? 99
Impressum 105

KAPITEL 1
WIE WAR DEIN LEBEN?

Stelle dir vor, die letzten fünf Minuten deines Lebens ständen dir bevor und du würdest, noch ein letztes Mal, über dein Leben nachdenken. Das Leben zieht wie im Zeitraffer nochmal an dir vorbei. Von deiner Geburt an bis kurz vor deinen Tod. Du erinnerst dich an deine ersten Augenblicke in deinem Leben, wie du deine ersten Schritte gingst und das erste Wort deine Lippen verließ. Erinnerst du dich, welches Wort es noch war? Wie schnell diese Zeit verging und wie wenig Erinnerungen an die Zeit übriggeblieben sind. Du erinnerst dich weiter an deine Kindheit, an deine ersten Freunde, deinen ersten Tag in der Schule und an deine bunten Kindergeburtstage, an denen du sein konntest, was immer du auch sein wolltest. Pirat, Ritter oder Prinzessin, ganz egal. Was für eine sorgenfreie Zeit dies war. Deine Erinnerungen schweifen weiter zu deiner Jugend. Du erinnerst dich an die weiterführende Schule, an deine erste Liebe und deine Jugendsünden. Wie schnell diese Zeit verging und du auf einmal groß warst und mitten im Leben standest. Du erinnerst dich, wie du deinen ersten Beruf erlernt und dein erstes Gehalt bekommen hast und Karriere machtest. Wie du auf einmal eine Familie gründetest. Du wurdest Ehemann/-frau, Papa/Mama und Opa/Oma. Und auf einmal wurdest du älter. Du gingst in Rente und sahst zu, wie deine Kräfte langsam dahinschwanden.

Wie schnell diese Zeit verging. Jetzt liegst du in deinem Bett mit dem Wissen, dass dein Herz gleich ein letztes Mal schlagen wird und du deinen letzten Atemzug durch deine Lungen spüren wirst, und du stellst dir die Frage:

„Wie war mein Leben?“

War es schön und so, wie du es dir vorgestellt hast? Oder bereust du etwas? Da sind bestimmt eine Menge von Erinnerungen, die alle nochmal hochkommen. Es sind gute und schlechte dabei. Aber es bleiben nur noch Erinnerungen. Denn jetzt bist du tot. Deine Lebenszeit ist um. Du hast dein Leben gelebt. Es ist vorbei. Du kannst nicht mehr zurückreisen und auch nichts mehr verändern. Wo du jetzt bist, kann ich dir leider auch nicht verraten. Auf jeden Fall bist du jetzt an einem anderen Ort. An einem besseren vielleicht? Ich weiß es nicht. Wer weiß das schon. Entweder gibt es ein Leben nach dem Tod oder nicht. Wir können nur an eins von beiden glauben. Woran hast du geglaubt? Auch das spielt jetzt keine Rolle mehr, denn du bist tot. Eine der beiden Möglichkeiten hat sich bewahrheitet. Vielleicht ist aber auch etwas anderes eingetreten, von dem uns hier auf Erden die Vorstellungskraft fehlt. Du weißt es jetzt am besten oder auch nicht. Wir hier auf Erden können nur glauben und hoffen.

Hoffen auf ein besseres Leben nach dem Tod?

Da du das Buch gerade liest, kannst du glücklich sein, denn du lebst. Vielleicht bist du momentan aber auch vielmehr unglücklich als glücklich, weil der Schmerz des Lebens Tag für Tag an die Tür klopft.

Wie dem auch sei. Du lebst.

So wie jedes Lebewesen auf diesem Planeten sein eigenes Leben lebt, lebst du dein Leben. Wie dein Leben war, ist oder wird, ist entscheidend darüber, ob du dich über dein Leben momentan freust oder nicht, ob du glücklich oder unglücklich bist.

Vielleicht freust du dich auch über das Leben, aber wie so oft gibt es in deinem Leben Probleme und schlechte Zeiten, die dein Leben nicht sehr lebenswert gestalten.

Wie dem auch sei. Du lebst.

Und das ist das Wichtigste, auch wenn man es manchmal nicht glauben mag.

Übung 1:

Suche dir ein ruhiges Plätzchen und schließe deine Augen für einen Moment. Versuche, dein Leben nochmal rückwirkend an dir vorbeiziehen zu lassen, von den ersten Erinnerungen deines Lebens bis zum heutigen Tag. Was lief in deinem Leben bisher gut und was eher weniger gut? Schreibe dir drei Punkte auf, die in deinem Leben gut gelaufen sind, und drei weitere, die in deinem Leben schlecht verlaufen sind. Diese Aufgabe soll nur der Reflektion dienen. Bitte bewerte oder verurteile die einzelnen Punkte nicht, sondern schreibe sie lediglich auf und lasse sie unkommentiert. Wir kommen später noch auf die Punkte zu sprechen.

KAPITEL 2
WAS IST DAS LEBEN?

Manche beschreiben das Leben als etwas Wundervolles. Als ein Geschenk Gottes an uns. Andere glauben an einen Zufall. Das Leben wird oft wie eine abenteuerliche Reise beschrieben mit vielen Höhen und Tiefen, wie eine aufregende Achterbahnfahrt. Oder wie eine Zugfahrt mit vielen einzelnen Stationen. Die unterschiedlichsten Menschen steigen in den Zug deines Lebens ein. Sie begleiten dich ein Stück auf deiner Reise und steigen dann an einer anderen Station deines Lebens wieder aus. Menschen kommen und Menschen gehen. Manche Menschen haben eine größere Bedeutung für dein Leben, andere eher eine geringe. Manche Menschen, die uns wieder verlassen, werden wir vermissen, andere hingegen ganz schnell wieder vergessen. Wir lernen auf unserer Lebensreise die unterschiedlichsten Nationalitäten und Persönlichkeiten kennen. Wir erlernen neue Dinge, sammeln neue Erfahrungen und schließen neue Freundschaften und Beziehungen. Kein Tag auf unserer Reise gleicht dem anderen, auch wenn uns das Leben manchmal sehr monoton vorkommen mag. Im Gegensatz zu den wechselnden Passagieren bleiben wir dem Zug unseres Lebens treu und fahren durch alle Bahnhöfe unseres Lebens bis zur Endstation, an der unsere Reise eines Tages endet.

Wieder andere beschreiben das Leben wie einen Weg, den man geht, oder wie ein Buch, das man mit seiner Lebensgeschichte füllt. Es gibt unendlich viele Metaphern, mit denen wir das Leben in Bildern ausdrücken können, und alle haben etwas Wahres. Das Leben ist auf jeden Fall nicht eintönig oder langweilig. Ganz im Gegenteil. Es ist aufregend und immer in Bewegung. Manchmal läuft in unserem Leben alles gut und manchmal weniger gut. Das Leben ist schließlich kein Ponyhof, sagen sie.

Am Ende erwartet uns ein Happy End. Oder nicht?

Jeder hat sein eigenes individuelles Leben, in dem wir selbst unsere eigene Hauptfigur spielen und zugleich auch unser eigener Regisseur sind. Wir selbst bestimmen, wie unser Leben aussieht, wohin wir gehen und was wir tun. Oder nicht? Ich denke, dass die Antwort auf diese Frage sowohl ein Ja als auch ein Nein beinhaltet. Wir haben sicherlich viele Freiheiten und können selbst auch viele Entscheidungen fällen. Dennoch haben wir unser Leben nicht hundert Prozent unter Kontrolle. Hätten wir es zu hundert Prozent in unserer Hand, könnten wir unsere Zukunft sicherlich schon hervorsagen, aber das können wir nicht. Denn das Leben hat, wie so oft, seine ganz eigenen Pläne, die nicht immer mit unseren übereinstimmen. Manchmal schließen sich plötzlich Türen in unserem Leben und dann öffnen sich wieder neue. Eine Achterbahn besteht schließlich auch nicht aus nur einer langen Geraden. Das wäre auch viel zu unspektakulär. Sie hat Kurven, Höhen und Tiefen, manchmal auch einen Looping und manchmal auch mehr als einen. Da kann einem auch schon mal schlecht werden. So ist das Leben nun mal. Wir kennen es alle doch am besten.

Übung 2:

Was bedeutet das Leben für dich persönlich? Mit welcher Metapher verbindest du das Leben? Ist es für dich wie eine Reise, ein Weg, ein Buch oder vielleicht etwas ganz anderes? Finde ein passendes Bild und stelle es dir in Gedanken vor. Welche Gefühle kommen in dir hoch? Behalte dieses Lebensbild im Hinterkopf. Es wird dir helfen, das Leben aus einer anderen Perspektive zu betrachten, und ermöglicht es dir, das Leben, auch wenn es manchmal kompliziert und schwierig erscheint, vereinfacht vor Augen zu halten.

KAPITEL 3
GIBT ES EINEN TIEFEREN SINN IM LEBEN?

Eine Frage, die sich jeder Mensch bestimmt einmal in seinem Leben gestellt hat und über die wohl am meisten philosophiert wurde. Antworten auf diese Frage gibt es so viele, wie es Menschen gibt, die diese Frage stellen. Die einen antworten auf diese Frage mit: „Der Sinn des Lebens ist es, zu leben" oder „Der Sinn des Lebens ist, glücklich zu sein". Andere sehen den Sinn des Lebens in der Verwirklichung ihrer Träume, in der Liebe oder im Glauben. Und wieder andere sehen überhaupt keinen Sinn im Leben. Jeder hat seine individuelle Antwort auf diese Frage. Sie mit richtig oder falsch zu bewerten, wäre falsch. Doch warum stellen wir uns so eine Frage und warum brauchen wir einen tieferen Sinn für unser Leben?

Der Mensch besitzt nun mal die Fähigkeit, über sich selbst nachzudenken. Während viele Tiere sich bereits damit erfüllt fühlen, ausreichend Nahrung oder einen sicheren Schlafplatz zu besitzen, erfüllt es einen Menschen wie so oft nicht, auch wenn ihm alle Grundbedürfnisse zur Verfügung stehen, die er zum Leben braucht. Wir können genug zu essen haben, ein Dach über dem Kopf, Erfolg und Anerkennung und trotzdem kann unser Leben nicht erfüllt sein, weil wir uns ständig fragen, was der Sinn von dem Ganzen, von unserem Leben ist.

Der Mensch braucht einen tieferen Sinn für sein Dasein. Denn ein Sinn gibt uns Kraft, Mut, Ausdauer und hilft uns, in schwierigen Lebensabschnitten zu „überleben". Und wie bereits beschrieben, ist dieser Sinn individuell. Darum sollten wir die Frage ein wenig umformulieren: „Was gibt meinem Leben einen Sinn?"

Es geht nicht darum, den Sinn des Lebens in irgendeiner Antwort zu suchen, sondern wir müssen unserem Leben einen Sinn geben. Und jeder Mensch sollte seinen Sinn kennen, denn ohne Sinn erscheint uns das Leben oft sinnlos und vor allem leer. Wir brauchen einen Sinn im Leben.

Doch wo finden wir nun die Antwort auf die Frage? Dafür müssen wir auf uns selbst schauen. Genauer gesagt auf unsere Werte. Denn es sind unsere Werte, die unserem Leben eine tiefere Bedeutung geben. Wir sollten uns die Fragen „Wer bin ich als Mensch?“ und „Welcher Mensch will ich sein?“ stellen. Welche Werte vertrete ich? Dies könnten Werte sein wie Liebe, Respekt, Familie oder Freundschaften. Jeder Mensch hat seine individuellen Werte und einen daraus resultierenden individuellen Sinn für sein Leben.

Wenn wir wissen, welche Werte wir als Mensch haben, können wir unserem Leben einen Sinn geben. Eine Richtung, eine Orientierung und einen Anker. Denn auch wenn es mal schwierig im Leben wird und die Achterbahn des Lebens steil hinunterfährt, wissen wir, was unser Sinn im Leben ist.

Übung 3:

Was sind deine Werte? Schreibe dir zunächst zehn Werte auf, die dich als Menschen ausmachen. Anschließend nummeriere dir die Werte von 1 bis 10. Dabei ist der Wert mit der Nummer 1 der wichtigste, gefolgt von dem Wert mit der Nummer 2 und so weiter. Diese Liste wird dir zeigen, welche Werte du vertrittst und welche Werte dir am wichtigsten sind. Im zweiten Schritt schaue dir noch einmal explizit die ersten drei Werte deiner Liste an, also Wert Nummer 1, 2 und 3. Diese drei Werte haben die höchste Priorität in deinem Leben und bilden den Kern, vermutlich den Sinn deines Lebens. Verinnerliche deine Werte und behalte diese wertvolle Liste, denn sie gibt dir einen Halt und einen Sinn, wenn das Leben einem sinnlos erscheint.

KAPITEL 4
KEINE PROBLEMLOSE WELT!

Und genau aus diesem Grund, weil die Achterbahn des Lebens nicht immer nach oben fährt, sondern wie so oft auch steil hinab, müssen wir uns einer Sache zunächst einmal bewusst werden: Es gibt und wird keine problemlose Welt und kein problemloses Leben geben! Nicht bei dir, nicht bei mir. Bei niemandem! Die Achterbahn des Lebens wird manchmal steil hinabfahren, auch wenn dies ziemlich hart klingen mag.

Manchmal stelle ich mir vor, wie unser Planet aussehen würde, wenn ich die Wahl hätte, ihn mir selbst zu gestalten. Es wäre ein sehr grüner Planet mit hunderttausend verschiedenen Pflanzen- und Tierarten, fast wie ein großer, einzigartiger Dschungel. Alles wäre im Einklang. Der Mensch mit der Natur und die Natur mit dem Menschen. Die Menschen würden sich vertragen, einander helfen und lieben. Krieg wäre ein Fremdwort und würde nicht existieren. Genauso wenig wie Hungersnöte, Gewalt, Krankheiten oder soziale Unterschiede. Alle Menschen hätten die gleichen Voraussetzungen auf Arbeit und hätten das Recht auf denselben Lebensstandard. Eine auseinandergehende Schere zwischen Reichen und Armen würde man nicht kennen. Alle Menschen würden denselben Reichtum besitzen und hätten die gleichen Möglichkeiten, sich etwas zu leisten. Ebenso wenig würde man einen Unterschied zwischen den Geschlechtern, geschweige denn den Nationalitäten, Rassen oder der Hautfarbe machen. Das Wort Rassismus würde man ebenfalls nur im Fremdwörterlexikon nachlesen können wie das Wort Mobbing.

Zusammengefasst kann man sagen, dass es ein sehr harmonisches Zusammenleben in Frieden zwischen Mensch und Mensch und der Natur wäre. Alles wäre perfekt. Es würde nichts Negatives geben. Keine Probleme. Alles wäre gut.

Und wie stellst du dir deine perfekte Welt vor?

Ganz anders oder vielleicht auch so ähnlich? Jeder hat da sicherlich seine eigene Fantasie. Ich könnte meine Fantasie auch noch mit zahlreichen weiteren Vorstellungen und Gedanken erweitern und mir die ultimative Vision eines einzigartigen Planeten vor Augen halten. Aber wozu? Letztlich muss ich feststellen, wenn ich meine Augen wieder öffne und aus meinem Traum hinaus in die Realität blicke, dass die Vision nur eine Vision bleibt und die Wirklichkeit ganz anders ausschaut. Damit meine ich nicht, dass die Wirklichkeit, dieser Planet oder das Leben schlecht ist. Ganz im Gegenteil. Aber sie sind anders. Beides ist schließlich kein großer Ponyhof. Es gibt Probleme sowie schlechte und böse Dinge, die die Welt leider beinhaltet. Wenn ich diese hier alle aufzählen würde, wären die nächsten Seiten dieses Buches womöglich damit vollgeschrieben. Darum lassen wir es lieber und verallgemeinern es mit dem Wort Probleme. Du kennst sie schließlich alle. Jeder hat seine eigenen individuellen Probleme.

Ich weiß nicht wie deine Version von einer perfekten Welt bzw. eines perfekten Lebens aussieht, aber ich kann mir denken, dass du deine Probleme nicht mitnehmen würdest. Ich würde dies im ersten Gedanken auf jeden Fall nicht tun, denn wo wäre dann ein Unterschied zwischen meiner Vision und der Realität, wenn mich die gleichen Probleme weiter quälen würden? Aber wie dem auch sei. Wir können es nicht ändern. Die Probleme sind hier. Viele wurden schon gelöst und viele werden noch auf uns zukommen. Wir werden es nicht schaffen, ein problemloses Leben zu leben. Das ist schlicht und einfach unmöglich. Ein problemloses Leben bzw. eine Welt, in der alles perfekt ist, wird immer nur eine Vision bleiben. Und das ist auch gut so! Ja, du hast richtig gelesen. Ich wiederhole es gerne nochmal. Das ist gut so. Du fragst dich jetzt sicherlich, warum dies in aller Welt gut sein sollte, denn schließlich sind

Probleme das, was uns in unserem Leben Sorgen, Angst und schlaflose Nächte bereitet. Aber dennoch schreibe ich, dass es gut ist, dass wir in einer Welt leben, in der Probleme existieren. Und ein paar Zeilen zuvor schrieb ich, dass diese Welt leider Probleme beinhaltet und dass ich auf keinen Fall welche davon in eine Welt, welche ich selbst kreieren könnte, mitnehmen würde. Ziemlich widersprüchlich, oder nicht?

Oft denken wir über Probleme viel zu oberflächlich nach. In erster Linie, wenn ein Problem auftaucht, denken wir, dass etwas Schlechtes in unser Leben getreten ist. Es zieht uns zunächst einmal runter. Wir sind deprimiert, weil wir das „Problem" vorerst nicht lösen können. Manchmal dauert es seine Zeit und manchmal geht es auch ruckzuck, bis das Problem keines mehr für uns ist. Ein Problem ist, bei erster Betrachtung, immer etwas Negatives. Dabei verbirgt sich unter der Oberfläche etwas Großartiges. Unter dieser zunächst negativen Oberfläche befindet sich einer der wichtigsten Prozesse, den wir als Menschen brauchen und der für uns lebensnotwendig ist. Dieser Prozess nennt sich Wachstum. Ob wir es merken oder nicht, jedes Problem, unabhängig davon, ob wir es lösen können oder nicht, lässt uns als Persönlichkeit wachsen, wenn wir wissen, wie wir damit umgehen, und ist deswegen unverzichtbar in unserem Leben.

Wir brauchen Probleme.
Sie sind das Lebenselixier unserer Persönlichkeit.

Nur durch Probleme können wir eine starke Persönlichkeit erlangen. Ohne Probleme würde unsere Persönlichkeit auf der Stelle stehenbleiben. Auch du wirst deine Probleme haben. Und das ist gut so. Sei dankbar dafür, denn auch wenn es auf den ersten Blick nicht so aussieht, weißt du, dass deine Persönlichkeit jetzt wächst und du später stärker wirst als zuvor.

Ich weiß, dass dies nur Worte sind, die kein Problem dieser Welt, geschweige denn deine Probleme jetzt lösen werden. Aber das ist auch nicht mein Ziel. Ich möchte dir nur einen Anreiz geben, deine Probleme aus einem anderen Blickwinkel zu betrachten. Aus einem Blickwinkel, der jedes Problem als eine Art Hoffnung betrachtet, und uns wissen lässt, dass all das Leid, die unsere Probleme mit sich bringen, uns eines Tages zu einer starken Persönlichkeit formen. An manchen Tagen fühle ich mich mit meinen Problemen, wie vielleicht der ein oder andere von euch auch, überfordert und kann das Leid bzw. den Schmerz kaum ertragen. Aber der Gedanke daran, eines Tages stärker zu sein, als ich es zu dem Zeitpunkt mit meinen Problemen jetzt bin, gibt mir Hoffnung und macht mich dankbar für jedes Problem, durch das ich die Möglichkeit habe, zu wachsen und stark zu werden. Darum ist es gut, dass Probleme in unsere Welt existieren.

Würdest du sie dennoch nicht in deine Traumwelt mitnehmen? Ich glaube, ich würde meine Entscheidung nochmal überdenken, denn ein Leben lang auf der Stelle stehenzubleiben, wäre, glaube ich, doch nichts für mich, denn ich will eines Tages stark sein.

Danke, dass es euch gibt, Probleme!

Es ist gut, dass unsere Probleme existieren, denn durch sie können wir wachsen und stark werden. Doch wir müssen aufpassen, wie wir uns entscheiden, mit ihnen umzugehen. Andernfalls können sie uns zerbrechen. Aus welchem Blickwinkel wir Probleme betrachten, ist entscheidend, wie wir uns fühlen und ob wir trotz der Härte des Lebens immer noch ein Lächeln auf unserem Mund tragen oder nicht.

Wenn wir das Bewusstsein haben, dass kein Problem ewig hält, und das Selbstbewusstsein, dass wir eines Tages durch unsere Probleme wachsen und gestärkt werden, werden die

Probleme zu keinen Problemen mehr, sondern zu Herausforderungen. Und wir werden diese Herausforderungen alle meistern, wenn wir eine Sache beherzigen.

> Wir müssen nicht, aber wir dürfen:
> Wir dürfen in unserem Herzen ein Kämpfer sein.
> Der Kämpfer unseres eigenen Lebens.
> Wir müssen an uns glauben und nie, niemals aufgeben, auch wenn die Pfeile des Lebens unsere Brust durchbohren und uns auf die Knie zwingen.
> Wir müssen wieder aufstehen und weiterkämpfen.
> Für uns, für die anderen und vor allem für unser Leben.

Übung 4:

Was bedrückt dich momentan? Was macht dir zu schaffen? Was sind deine Probleme? Mache dir im Kopf oder schriftlich nochmal ganz bewusst, welche Probleme du hast und welches Leid und welcher Schmerz damit verbunden ist. Lass die damit verbundenen Gefühle zu, auch wenn es sich unangenehm anfühlen mag. Führe dir danach nochmal jedes Problem, das dich in irgendeiner Weise belastet, vor Augen und sage zu jedem Problem:

> „DANKE!", „DANKE, dass es dich gibt, Problem,
> denn du machst mich stark!"

KAPITEL 5
DER ANFANG UND UNSERE STARTVORAUSSETZUNGEN

Neben den Problemen, die eines Tages wieder gehen werden, gibt es aber auch Probleme in unserem Leben, auf die wir keinen Einfluss haben oder hatten. Aber auch an diesen wachsen wir, wenn wir uns entscheiden, sie aus dem richtigen Blickwinkel zu betrachten.

Ein paar Beispiele: Die einen haben vielleicht einen liebenden Vater und eine fürsorgliche Mutter, Geschwister und eine behütete Kindheit.

Eine behütete Kindheit hatten sich auch die anderen von ganzem Herzen gewünscht. Sie haben Geschwister, ebenso eine Mutter und einen Vater, doch ihre Eltern haben eigene Schwierigkeiten, betrinken sich, nehmen womöglich Drogen oder prostituieren sich sogar und haben keine Zeit für die Kleinen. Sie müssen mit sich selbst klarkommen.

Geschwister wünschen auch er oder sie sich, damit sie sich nicht immer so einsam fühlen.

Er und sie haben Geschwister, aber keine Mutter, da sie bereits bei der Geburt verstarb. Ihr Vater muss sie allein aufziehen. Ihr Vater, der von morgens bis abends arbeiten muss und mit der Situation überfordert war.

Einen lebenden Vater, das war auch die größte Hoffnung von ihm und ihr, doch er starb als Soldat im Krieg und hinterließ sie und ihre Mutter mit dem gebrochenen Versprechen, dass er wiederkommen würde.

Er und sie wünschen, sie hätten keinen Vater, damit sie und Mutter nicht mehr geschlagen werden.

Er und sie haben weder Mutter noch Vater.

Was ich mit den Zeilen sagen möchte: Wir alle werden mit den unterschiedlichsten Voraussetzungen geboren. Kein Mensch hat dasselbe Leben wie andere. Viele Dinge haben wir uns nicht ausgesucht und können es auch gar nicht. Wir suchen uns nicht aus, wer unsere Eltern sein sollten, welche Familienangehörige wir gerne hätten oder an welchem Ort auf diesem Planeten wir gerne geboren oder aufgewachsen wären, geschweige denn in welcher sozialen Schicht. Genauso wenig suchen wir uns aus, wie wir aussehen, welches Gesicht oder welchen Körper wir vielleicht gerne hätten. Wir hatten nicht die Möglichkeit, bevor wir geboren wurden, unser Äußeres zu kreieren, so wie wir uns heutzutage in fast jedem Computerspiel unseren Charakter erstellen können. Unser Äußeres ist viel mehr zufällig entstanden. Wir suchen uns auch nicht aus, krank oder behindert auf diese Welt zu kommen. All das sind Dinge, auf die wir keinen Einfluss hatten, als wir in das Spiel namens Leben eingetroffen sind.

Das Leben ist nun mal kein faires Spiel.

Und nicht nur zu Beginn unseres Lebens stoßen wir auf Situationen, die wir nicht mehr verändern können. Unser ganzes Leben ist von solchen Schicksalsschlägen geprägt. Von Situationen, die wir nicht beeinflussen können, so sehr wir uns auch bemühen, diese zu verändern. Wir schaffen es nicht.

Beispielsweise erkranken wir plötzlich an einer schweren Krankheit, erleiden einen schweren Unfall oder müssen dabei zusehen, wie Bekannte, Freunde und Familienangehörige von uns gehen. All das sind Situationen, die wir, wenn sie eingetroffen sind, nicht mehr ändern können.

Es gibt unzählige Situationen und Schicksalsschläge, auf die wir keinen Einfluss haben und die uns das ganze Leben begleiten werden. Doch es gibt andererseits ebenso Dinge und Situationen in unserem Leben, die wir sehr wohl beeinflussen und verändern können. Und diese Dinge, auf die wir einwirken können, sind mehr, viel mehr als die Dinge, die so sind, wie sie sind. Also sollten wir uns auf die konzentrieren, die wir verändern können, anstatt vergeblich zu versuchen, die Dinge zu verändern, die sich nicht mehr verändern lassen.

Wir müssen lernen, diese Situationen, die sich nicht mehr ändern lassen, egal wie schmerzhaft sie sein mögen, zu akzeptieren und anzunehmen. Erst dann können wir uns auf die anderen Dinge, auf die wir Einfluss haben und die sehr viel wichtiger sind, konzentrieren und letztendlich auch Fortschritte erzielen. In der Folge können wir unser Leben auch tatsächlich leben. Und mit „akzeptieren" meine ich nicht, dass wir etwas verdrängen oder nicht zulassen sollen. Natürlich müssen wir den Zustand und unsere Gefühle zuerst auch zulassen. Aber wir dürfen nicht daran hängenbleiben.

„Akzeptieren" meint also vielmehr, den Vorschlag anzunehmen, meinen Lebensweg weiterzugehen, anstatt vergeblich gegen etwas anzukämpfen, wodurch wir von vorneherein nur verlieren können und auf der Stelle stehenbleiben. Denn dieses Ankämpfen und Festhalten raubt uns unglaublich viel Kraft. Und diese Kraft brauchen wir für die Dinge, die wir im Leben ändern können, für die Dinge, die so viel bedeutender sind.

Jeder Mensch hatte andere Voraussetzungen, als er in das Spiel namens Leben eintraf, aber dennoch hat jeder Mensch die Möglichkeit, das Beste aus seinem Leben zu machen.

KAPITEL 6
INNERER FRIEDEN

Eine der größten Sehnsüchte, die wir als Menschen besitzen, ist die Sehnsucht nach Frieden. Wir alle sehnen uns nach Frieden mit uns selbst und mit unserer Umgebung. Symbolisch ist der Frieden also wie eine Art Zuhause zu verstehen, in dem wir, so wie wir sind, willkommen geheißen und geliebt werden. Jeder von uns sehnt sich dort, also zuhause, anzukommen, den Frieden in sich und den mit seinen Mitmenschen zu finden. Doch wo finden wir diesen Frieden, dieses Zuhause? Die Antwort auf diese Frage liegt wieder mal in uns selbst. Der Friede, unser Zuhause, ist bereits in uns. Doch wie so oft, ist unser Zuhause unter vielen Trümmern vergraben. Unter Trümmern der Vergangenheit, der Gegenwart und der Zukunft. Das macht es uns so schwer, den Frieden in uns zu finden: Um einen inneren Frieden zu erlangen, müssen wir im Reinen mit unserer Vergangenheit, unserer Gegenwart und unserer Zukunft sein.

6.1 VERZEIHEN UND VERGEBEN

Und im Reinen zu sein, bedeutet auch dem anderen zu verzeihen. Kein Mensch ist perfekt, jeder macht Fehler. Natürlich ist die Schwere der Fehler unterschiedlich. Die einen Fehler sind leichter zu vergeben als die anderen. Doch warum fällt es uns so schwer zu verzeihen? Wenn wir verzeihen wollen, müssen wir über unseren eigenen Schatten springen. Wir müssen nachgeben und in einer gewissen Art und Weise auch Demut aufbringen. Wir müssen auf unseren Stolz verzichten. Denn unser Stolz hindert uns oft daran, jemandem zu verzeihen. Wir sind zu stolz nachzugeben und zu stolz, einen Schritt auf die andere Person zuzugehen. Denn warum auch? Schließlich habe nicht ich, sondern er oder sie den Fehler begangen. Und natürlich müssen wir keinem seine Fehler verzeihen, aber um innerlich Frieden zu finden, ist das Verzeihen von großer Notwendigkeit. Verzeihen zeigt nichts von Schwäche, Kleinmachen oder davon, den Fehler des anderen gutzuheißen. Es zeigt viel mehr von Stärke und Mut. Wenn wir verzeihen, fällt es uns zudem leichter, mit schwierigen Situationen, mit dem Fehler des anderen zurechtzukommen. Wir können leichter damit abschließen. Verzeihen hat demnach auch etwas Entlastendes.

Wenn wir verzeihen, schließen wir nicht nur Frieden mit den anderen, sondern auch Frieden mit uns selbst. Wir kommen unserem inneren Frieden ein Stück näher.

Übung 5:

Wer hat dich verletzt oder in deinen Augen dir etwas Unrechtes getan? Verzeihe ihm oder ihr den Fehler. Du wirst sehen, welches entlastende Gefühl in dir hochkommt. Es wird sich lohnen!

KAPITEL 7
VERGANGENHEIT

Das Leben ist wie ein großer Zeitstrahl. Dieser beginnt mit unserer Geburt und endet mit unserem Tod. Dazwischen liegt das Leben. Es besteht aus einer Vergangenheit, einer Gegenwart und einer Zukunft, die alle miteinander verknüpft sind. So bestimmt unsere Vergangenheit oft mal über unsere Gegenwart und unsere Gegenwart wiederum über unsere Zukunft.

Eines müssen wir uns dennoch immer wieder ins Gedächtnis rufen: Wie der Name Vergangenheit schon sagt, handelt es sich um eine vergangene Zeit. Sie ist also schon abgeschlossen, vorbei und nicht mehr veränderbar. Dennoch gehört sie zu unserer Lebensgeschichte dazu. Sie ist ein Teil von uns und wird es auch immer bleiben, ob wir sie wollen oder nicht: Die Geschichte unserer Vergangenheit wurde bereits aufgeschrieben und kann aus unserem Buch des Lebens nicht einfach ausradiert oder verändert werden. Doch es können neue Geschichten in dieses Buch geschrieben werden.

7.1 KINDHEIT

Die Gegebenheiten, die wir mit unserer Geburt bekommen haben, die unseren Start in unser Leben mehr oder weniger bestimmt haben, gehören nun zu unserer Vergangenheit, genauso wie unsere Kindheit. Manche von uns hatten eine traumhafte Kindheit mit guten Erinnerungen, andere hingegen eine weniger gute Kindheit mit schlechten Erinnerungen. Wir haben uns diese Umstände, wie schon beschrieben, nicht ausgesucht. Wir waren Kinder und uns wurde eine Kindheit gegeben. Wir mussten sie annehmen. Aber auch das sind mittlerweile nur noch vergangene Jahre, an die man sich gerne oder weniger gerne erinnert. Und auch wenn all diese Tage und Jahre bereits vergangen sind, haben sie immer noch großen Einfluss auf unsere Gegenwart. Wie wir heute als Menschen sind, haben wir größtenteils diesen Jahren, unserer Kindheit, zu verdanken. Sie waren der Grundstein für unsere Persönlichkeit. Als wir klein waren, wollten wir möglichst viel lernen und schauten uns alles ab. Wir saugten alles in uns hinein. Alle Eindrücke, die wir sammeln konnten, nahmen wir auf und versuchten, sie selbst umzusetzen.

Wir entwickeln uns und werden größer.

So wie wir heute als Mensch sind, haben wir größtenteils dem zu verdanken, wie wir erzogen wurden und unter welchen Umständen und mit welchem Umfeld wir aufgewachsen sind. All diese Dinge hatten Einfluss auf uns. Bei dem einen waren dies positive Einflüsse, die seine Persönlichkeit gestärkt und aufgebaut haben, bei dem anderen hingegen schlechte, die seine Persönlichkeit geschwächt und niedergemacht haben. Wir hatten schließlich keinen Einfluss darauf, wo, wie und unter welchen Umständen wir aufgewachsen sind. Natürlich wurden wir auch größer und damit auch unsere eigene Entscheidungskraft, uns beispielsweise für oder gegen ein bestimmtes Umfeld zu entscheiden. Trotz alledem wurden uns die ersten Steine unseres Lebensweges so gelegt, wie sie gelegt wurden, ohne unsere eigene Entscheidung.

Wir haben sie einfach akzeptiert. Wie sollten wir sie denn auch nicht annehmen?

Egal ob unser Start unseres Lebens mit guten oder schlechten Erinnerungen versehen ist, er zählt nun zur Vergangenheit und damit zu einer Tatsache, die man nicht mehr ändern kann. Sollten wir an unsere Kindheit schöne und gute Erinnerungen haben, so können wir uns freuen, denn es wird uns immer ein kleines Lächeln ins Gesicht zaubern. Immer wenn es uns schlecht geht, können wir uns zurückerinnern an die Tage, an denen wir Kind waren und die Welt noch so friedlich und zauberhaft war. An die Tage, an denen wir gefühlt ein sorgenloses Leben und uns über jede Kleinigkeit gefreut hatten. Alles war geheimnisvoll, aufregend und unsere Fantasie war nicht zu bremsen. Jeden Tag waren wir das, was wir sein wollten. Polizist, Ritter oder Prinzessin. Unsere Fantasie kannte keine Grenzen. Wir waren glücklich, denn unsere Kindheit war behütet.

An diejenigen, deren Kindheit keineswegs behütet war und nur von schlechten Erinnerungen und Erfahrung geprägt ist, sei gesagt, dass ihr euch auch freuen könnt. Nicht darüber freuen, was passiert ist, sondern darüber freuen, dass ihr die besten Voraussetzungen habt, eine unglaublich starke Persönlichkeit zu werden. Ihr habt die Chance, stärker zu werden als all die anderen. Als all die anderen, deren Kindheit vielleicht behütet war und die ein sorgenloses Leben führten. Denn ihr seid bereits gefallen, musstet leiden und mit dem Leid versuchen umzugehen. Ähnlich wie mit den Problemen habt ihr die Chance, aus all diesem Mist zu wachsen und eure Persönlichkeit zu etwas Großartigem zu formen.

7.2 VERGANGENES LEID

Alle großen und vor allem starken Persönlichkeiten dieser Welt sind nicht gewachsen, weil in ihrem Leben alles perfekt und sorgenlos war. Nein. Ganz im Gegenteil. Sie sind zu stärkeren Persönlichkeiten geworden, weil sie mehr gelitten haben als all die anderen. Weil sie gelernt haben, mit dem Leid und den Problemen umzugehen: Wenn man das Leid als Leid ansieht, wird man daran zerbrechen.

> Wenn man das Leid hingegen als Chance ansieht,
> wird man wachsen.

Es ist eine Entscheidung, wie man damit umgeht und wie man Probleme und das Leid betrachtet. Oft hört man, dass man Dinge bzw. Erinnerungen, die einem wehtun und belasten, loslassen und damit abschließen soll. Wie einen Stein, den man in einen See schmeißt, der für immer im Dunkeln bleibt und nie wieder auftaucht. Doch so einfach ist das leider nicht. Manche Dinge sind so schmerzhaft, dass sie es immer wieder schaffen, auf der Oberfläche zu erscheinen, so sehr wir uns auch bemühen, sie an die Stelle des Sees zu schmeißen, dessen Grund am tiefsten ist. Sie tauchen immer wieder auf und belasten uns. Besonders dann, wenn wir gegen sie ankämpfen. Wie ein Ball, den wir mit viel Kraft versuchen, unter Wasser zu drücken, wird er immer wieder an die Oberfläche stoßen. Und je mehr Kraft wir verwenden, desto stärker und höher wird der Ball wieder auftauchen. Es bringt also nichts, gegen seine Vergangenheit anzukämpfen oder sie immer wieder zu verdrängen. Tun wir dies, wird die Vergangenheit wie der Ball immer und immer wieder mit viel Kraft auftauchen und uns belasten.

Wir müssen unsere Vergangenheit zulassen.

Vergangene Erinnerungen kommen hoch, aber sie werden auch wieder verschwinden genauso wie Gedanken. Sie kommen und gehen. Wir können nicht steuern, dass wir ab jetzt nie wieder an unserer Vergangenheit denken werden, oder zu uns selbst sagen, dass wir sie loslassen, und uns später wundern, warum sie doch wieder auftaucht. Wie schon beschrieben, ist die Vergangenheit ein Teil von uns und wird uns dementsprechend auch immer begleiten. Es ist so ähnlich wie mit den Problemen. Es gibt keine Welt ohne Probleme und es gibt auch kein Leben ohne Vergangenheit.

Unsere Entscheidung, wie wir mit unserer Vergangenheit und unseren Problemen umgehen, ist entscheidend, was aus unserer Vergangenheit und unseren Problemen wird.

Letztendlich können wir nichts gegen unsere Vergangenheit tun, außer sie im ersten Schritt zuzulassen und sie dann im zweiten Schritt zu akzeptieren. Wir können nichts an ihr ändern. Es bleiben unveränderbare Tatsachen, die wir nicht rückgängig machen können. Also bleibt uns nur eines: Wir müssen unsere Vergangenheit zulassen, sie als einen Teil unsere Geschichte akzeptieren und anschließend versuchen, das Beste aus ihr zu machen und uns auf die Dinge zu konzentrieren, die wir ändern können. Etwas Besseres können wir nicht machen.

Das Einzige, was wir aus der Vergangenheit mitnehmen können, sind Erinnerungen, die uns glücklich machen, die uns berühren und die uns ein kleines oder großes Lächeln auf die Lippen zaubern. Gute Erinnerungen sind Erinnerungen, die uns in unserer Gegenwart nie fehlen sollten. Aber auch die schlechten Erinnerungen sollten wir im Hinterkopf behalten, denn aus diesen können wir lernen, wachsen und uns bewusst machen, dass wir dort nie wieder hinmöchten. Sie sind der Antrieb dafür, dass wir uns in der Gegenwart und Zukunft in eine andere, für uns lebenswertere Richtung bewegen.

Viel wichtiger als die Vergangenheit sind Gegenwart und Zukunft, denn sowohl auf die Gegenwart als auch auf die Zukunft haben wir noch auf eine gewisse Art und Weise Einfluss.

Übung 6:

Schreibe dir selbst einen Brief, in dem du das aufschreibst, was dich in deiner Vergangenheit belastet hat. Gerne kannst du die Punkte nehmen, die du bereits in Übung 1 aufgeschrieben hast, die in deinem Leben bisher nicht so gut liefen. Wenn du fertig damit bist, verbrenne ihn und siehe zu, wie der Brief langsam dahinschwindet. So kannst du symbolisch mit deiner Vergangenheit abschließen. Denn so, wie es den Brief nicht mehr gibt, ist auch unsere Vergangenheit vergänglich. Lass uns endlich damit abschließen!

KAPITEL 8
UNSERE GEGENWART

Wir lassen die Vergangenheit ruhen und konzentrieren uns lieber auf das Jetzt. Auf unsere Gegenwart, denn nur in der Gegenwart leben wir auch. Wir leben nicht in der Vergangenheit und auch nicht in der Zukunft. Wir leben jetzt. Genau in diesem Moment, wo ich diese Worte niederschreibe und du diese Worte liest. Wir könnten unendlich glücklich sein, denn wir atmen und unser Herz schlägt. Wir leben!

Und trotz dieser Worte und der Tatsache, dass wir jetzt in diesem Moment leben, können wir oft nicht vor Freude lossprudeln, durch die Gegend rennen und anfangen zu jubeln. Denn es gibt auch in unserer Gegenwart Probleme, Sorgen und Ängste, die uns belasten. Es gibt Probleme, die ihren Ursprung in der Vergangenheit haben, und Sorgen, die in der Zukunft eintreten könnten. Wir sind nicht frei von Problemen. Denn wie schon zu Anfang beschrieben, leben wir in keiner problemlosen Welt. Die Probleme kreisen immer um uns herum, als würden wir sie magisch anziehen. Entweder haben wir ein Problem mit uns selbst, ein Problem mit anderen Menschen oder ein Problem mit dem System, in dem wir leben. So wie sich die Zeit, die Jahre, die Jahrzehnte und die Jahrhunderte ändern, ändern sich mit ihnen auch die Art der Probleme.

Im Mittelalter waren die größten Probleme höchstwahrscheinlich die Kriege und Krankheiten. Heutzutage sehen sie, vor allem größtenteils in den Industriestaaten, anders aus. Die Anzahl an Kriegen sind deutlich geschrumpft und die Heilung der einzelnen Krankheiten haben enorme Fortschritte gemacht. Die ein oder andere Krankheit konnte schon ausgerottet werden. Und auch die körperlich harte Arbeit, die in den Jahrhunderten zuvor gang und gäbe war, konnte durch Maschinen und neue Erfindungen zum größten Teil ersetzt werden. Dennoch leben wir heute in keiner problemlosen Welt. Die Probleme sind ebenfalls mit der Zeit gegangen und haben sich verändert. Natürlich gibt es heute auch noch Kriege, schlimme Krankheiten und Probleme, die es auch schon früher gab. Aber sie machen heute einen deutlich geringeren Anteil an der Gesamtzahl der Probleme aus als früher. Heutzutage sind diese viel weniger körperlicher Art, sondern viel mehr psychische Probleme, die uns zu schaffen machen. Selbsthass, Depressionen oder Burnout sind nur ein Bruchteil der vorkommenden psychischen Erkrankungen. Und wie so oft wird trotz der Wichtigkeit dieser Probleme auch heutzutage nicht viel darüber gesprochen. Viele dieser Krankheiten sind immer noch ein Tabuthema.

Die psychischen Krankheiten sind die häufigsten Probleme der modernen Zeit, unserer Gegenwart. Und hängen oft davon ab, wie, wo und mit welchen Menschen wir zusammenleben.

Wir haben diese Welt nicht für uns allein oder nur für unsere Familie und engsten Freundeskreis, mit denen wir uns super verstehen. Wir leben mit anderen Menschen zusammen. Wir leben in einer Gesellschaft. Und das ist auch gut so, denn wir sind Menschen, die auf Menschen angewiesen sind. Wir brauchen einander. Ohne andere Menschen würden wir nicht überleben, auch wenn wir alle für uns Menschen lebensnotwendigen Dinge besitzen würden. Wir brauchen andere Menschen, damit unsere Psyche lebendig bleibt und nicht verrottet. Doch in der heutigen Zeit ist es oft mal so, dass andere Menschen dafür zuständig sind, dass es unsere Psyche nicht gut geht. Es sind natürlich nicht nur Menschen, die dafür verantwortlich sind, sondern auch viele verschiedene, andere Faktoren, wie zum Beispiel Krankheiten oder unsere Arbeit, die uns täglich zu schaffen machen kann. Aber dennoch haben viele Probleme ihren Ursprung in unserer Gesellschaft, in der wir oft nicht so sein dürfen, wie wir als Menschen geboren wurden: als ein Individuum.

Übung 7:

Für diese Übung brauchst du ein paar kleine Steine, die du in eine deiner beiden Hosentaschen steckst. Nimm bewusst war, wenn gerade etwas Positives passiert. Für jedes positive Ereignis, ein Lächeln oder eine Begegnung, die du in deiner Gegenwart spürst, nimm einen Stein aus der Hosentasche und lege ihn in deine andere. Am Abend kannst du dann zählen, wie viele positive Erlebnisse du in deiner Gegenwart wahrgenommen hast. Du wirst staunen, wie viele das sind! Steigern kannst du diese Übung noch, indem du verschiedenfarbige Steine nimmst. Merke dir die Farbe des Steines zu deinem Ereignis. So kannst du dich abends aufgrund der unterschiedlichen Farben noch genauer daran erinnern.

8.1 INDIVIDUUM

Jeder Mensch auf dieser Welt ist einzigartig und damit etwas anders als alle anderen. Kein Mensch ist eine genau Kopie von einem jeweils anderen. Wir sind verschieden. Jeder hat eine Kleinigkeit, die ihn von all den anderen Menschen unterscheidet. Das macht jeden von uns zu etwas Besonderem und vor allem zu etwas Einzigartigem. Jeder von uns ist ein Individuum.

> Wir alle sehen unterschiedlich aus, denken, fühlen und handeln verschieden.

Wir können Menschen ähnlich sein, aber kein Mensch ist exakt so wie der andere. Und genau aus diesem Grund, weil wir als Individuen geboren wurden, macht uns das so unfassbar wertvoll. Uns gibt es nicht zwei, drei oder hundertmal auf dieser Welt, nein.

Für die am wenigsten vorkommenden Materialien dieser Erde wird am meisten Geld ausgegeben, denn sie sind am wertvollsten, weil sie nur begrenzt verfügbar sind.

Wie verdammt wertvoll sind wir dann als Individuen?

Und dennoch sehen wir dieses Geschenk, dass wir als Individuum geboren wurden, wie so oft nicht. Heutzutage wollen wir oft kein Individuum mehr sein. Wir wollen lieber sein wie jemand anderes.

Wir wollen so sein, wie wir meinen, sein zu müssen, um von den anderen Menschen, der Gesellschaft, geliebt zu werden. Denn die größte Sehnsucht des Menschen ist die Sehnsucht, geliebt zu werden. Wenn wir uns von anderen geliebt fühlen, dann fühlen wir uns als Menschen gebraucht, wertgeschätzt und anerkannt. Und genau umgekehrt fühlen wir uns, wenn wir uns nicht geliebt fühlen. Wir fühlen uns nicht gebraucht, nicht wertgeschätzt und auch nicht anerkannt. Wir fühlen uns ausgegrenzt und einsam. Und ein einsamer Mensch ist innerlich ein toter Mensch. Denn wie gesagt brauchen wir andere Menschen, vor allem aber die Liebe anderer Menschen, um zu leben. Und um das zu vermeiden, vergessen wir oft, dass wir als Individuen geboren wurden, und passen uns der Gesellschaft lieber an.

Übung 8:

Überlege einmal, was dich ganz persönlich von all den anderen Menschen unterscheidet? Was macht dich einzigartig? Was macht dich zu einem Individuum? Wenn du es selbst nicht weißt, frage deine Familie oder dein engeres Umfeld. Du wirst merken, dass es dich, so wie du bist, in deiner Kombination, kein weiteres mal auf dieser Welt gibt. Klopfe dir selbst auf die Schulter oder auf die Brust und sei einfach mal verdammt stolz auf dich, denn du bist etwas ganz Besonderes.

8.2 GESELLSCHAFT

Wir müssen oft so sein wie sie, so handeln wie sie und so denken wie sie. Wir müssen so sein, wie die Gesellschaft es uns vorschreibt. Wir müssen uns anpassen, uns verändern und uns selbst vergessen. Wir müssen vergessen, wer wir sind, um uns für die Gesellschaft neu zu erfinden. Denn zu groß ist die Angst, von der Gesellschaft nicht geliebt oder ausgeschlossen zu werden, wenn wir wir selbst sind. Also sind wir lieber so wie sie alle.

Als wären wir keine Individuen mehr, sondern die geklonte Version von jemand anderem, von dem Musterbeispiel der Gesellschaft. Wir haben bereits verlernt, unser eigenes Ich zu lieben, und lieben dafür lieber eine Person, die wir nicht wirklich sind, aber die wir sein müssen, um in der Welt dort draußen, in der Gesellschaft, zu überleben. Dabei betrügen wir uns nur selbst und machen uns minderwertiger, als wir es tatsächlich sind.

> Denn wir sind nicht einer von vielen. Wir sind alle Individuen. Und trotzdem verkaufen wir uns lieber als eine Kopie und vergessen dabei, dass eine Kopie nie so gut sein kann wie das Original und dass wir im Herzen als Mensch immer derselbe bleiben, nämlich ein Individuum.

Wenn wir gefragt werden, wie wir die Gesellschaft finden, dann würden sie viele sicher nicht befürworten. Trotzdem laufen wir mit der Masse weiter, weil es einfacher ist. Wie tote Fische lassen wir uns mit dem Strom der Gesellschaft treiben, denn es ist doch so viel kräftesparender, als gegen den Strom zu schwimmen. Die Angst, sich zu erheben und aus der Masse herauszustechen, ist einfach zu groß. Statt für unsere Person, das Individuum, welches wir sind, zu kämpfen, bleiben wir lieber die Person, die sich unter die Gesetze der Gesellschaft stellt, denn dann sind wir sicher und werden akzeptiert.

Doch ist es nicht mehr wert, nicht akzeptiert zu werden und dafür frei zu sein? Ist es nicht mehr wert, der Mensch zu sein, der man wirklich ist, und das Leben zu leben, welches dein wahres Ich steuert und nicht die Gesellschaft? Dein wahres Ich hat Träume und Visionen von deinem Leben, doch die Gesellschaft versucht, sie dir zu entreißen. Die Gesellschaft lässt es nicht zu, dass du du selbst bist.

Wir wurden alle als Individuen geboren und sehen dementsprechend auch alle anders aus, haben unterschiedliche Interessen und verschiedene Fähigkeiten und Talente. Wir wurden nicht geboren, um uns irgendeinem anzupassen, sondern wir wurden dazu geboren, unsere Eigenheit wie auch unsere Individualität mit der Welt zu teilen und uns einzubringen.

Jeder Mensch kann etwas besonders gut und jeder hat eine ganz besondere Gabe, die er auch nutzen sollte. Denn das kann er schließlich am besten. Wenn wir uns jedoch die ganze Zeit darauf konzentrieren, jemand anderes zu sein und uns selbst vergessen, dann werden wir diese Gabe, dieses individuelle Talent, das jeder einzelne Mensch von uns besitzt, vielleicht nie entdecken. Die Welt ist nicht nur schwarz-weiß. Die Welt ist bunt und vielseitig. Jeder Mensch ist wie eine einzigartige Farbe, die es nur einmal auf der Welt gibt. Wenn wir jedoch versuchen, immer die andere Farbe zu kopieren, dann vermischen sich die Farben und werden zu einer Farbe: Die bunte Welt wird eintönig.

Unsere Individualität wird für immer bleiben.

Auch wenn wir uns der Gesellschaft anpassen, wird unser wahres Ich nie ganz verschwinden. Das Leben, das wir leben, wird aber nie so schön werden, wenn wir uns verstellen und uns der Gesellschaft unterordnen. Wir sollten die Kraft, die wir zur Anpassung investieren, lieber dafür verwenden, unser wahres Ich kennenzulernen und uns selbst zu finden. Wir sollten uns die Frage „Wer bin ich wirklich?" stellen – anstatt der üblichen Frage „Wie komm ich am besten rüber?". Wir wollen es jedem immer Recht machen und jedem gefallen. Wir fragen uns ständig, was die anderen über einen denken. Dabei spielt es keine Rolle, was die anderen über dich denken. Das Wichtigste ist, dass du weißt, wer du bist. Doch das wirst du nur herausfinden, wenn du auf dich selbst schaust und dich mit dir selbst beschäftigst, anstatt den Blick immer auf die anderen zu richten. Oft sehen wir in dem anderen das, was wir nicht haben oder nicht können. Dabei vergessen wir, dass es nichts ausmacht, was der eine hat oder kann, denn jeder einzelne hat etwas, was der andere nicht hat, und umgekehrt. Jeder hat Stärken und jeder hat Schwächen.

Warum konzentrieren wir uns also so oft auf unsere Schwächen und auf Dinge, die wir nicht haben oder nicht können, anstatt unsere Stärken zu erkennen und diese weiter auszubauen? Das Wichtigste ist doch, die beste Version deines Selbst und das Beste aus deinem Leben herauszuholen. Doch das geht nur, wenn wir uns auf unsere Stärken fokussieren und unsere Stärken zu Talenten formen.

8.3 DIESES ETWAS, DAS UNS VON ALL DEN ANDEREN UNTERSCHEIDET

Manchmal erkennen wir, dass uns eine Kleinigkeit so einzigartig macht und dass diese Kleinigkeit etwas Besonderes ist. Und manchmal ist es genau diese Kleinigkeit, die uns von den anderen Menschen unterscheidet, die uns zu denken gibt, dass wir nichts Besonderes sind oder dass wir nicht gut genug sind. Manchmal wünschten wir uns, diese Kleinigkeit nicht zu besitzen und lieber so zu sein wie jemand anderes.

Aber warum sollten wir aus etwas Einzigartigem etwas Gleiches schaffen wollen, was dem anderen ähnelt? Vermutlich, weil wir der Meinung sind, damit von den anderen Menschen mehr anerkannt und geliebt zu werden? Das ist vermutlich auch derselbe Grund, warum wir immer und überall perfekt sein wollen und uns nur von unserer besten Seite präsentieren wollen. Wir wollen den anderen unsere Stärke zeigen. Denn wenn wir uns von unserer besten Seite präsentieren und stark sind, werden wir von den anderen anerkannt und geliebt. Sobald wir aber unsere Schwächen zeigen, bröckelt diese Fassade von Perfektion und Stärke und wir sind verwundbarer. Wir verlieren vielleicht unsere Anerkennung und werden vielleicht weniger geliebt. Der einzige Ort, an dem wir wirklich wir sein können, ist im Idealfall unsere Familie und sind unsere sehr engen und guten Freunde, die uns wirklich gut kennen. Und nicht nur sie kennen uns sehr gut. Auch wir kennen sie sehr gut. Die Schwächen der jeweils anderen werden respektiert.

Sobald wir jedoch unsere Haustür verlassen und in die Welt dort draußen hinausspazieren, begegnen uns Menschen, die auf den ersten Blick nicht den Hauch einer Schwäche zeigen, denn dort draußen in der Welt versucht jeder seine perfekte Fassade, seine Maske aufrechtzuerhalten. Wer Schwäche zeigt, wird gefressen und niedergemacht. Also bleibt uns keine andere Wahl, als stark zu sein bzw. es zu versuchen. Wir wollen dort draußen schließlich überleben, anerkannt und geliebt werden. Wir wollen dazugehören und nicht danebenstehen. Wir wollen kein Außenseiter sein. Niemand will ein Außenseiter sein. Wir alle sehnen uns dazuzugehören, ein Teil von etwas zu sein, und vor allem von den anderen respektiert zu werden.

Wir alle sehnen uns geliebt zu werden.

Und deshalb verbiegen wir uns und verstecken uns hinter einer Person, die wir vielleicht gar nicht sind, und hinter einer kühlen Maske, die unsere Stärke symbolisieren soll, aber in Wahrheit unsere Schwächen nur vorübergehend verdeckt. Wir fühlen uns in der Gesellschaft vielleicht dadurch anerkannt und geliebt, aber in Wahrheit fühlen wir uns fremd. Denn wir können nicht so sein, wie wir es wirklich sind. Wir müssen uns immer wieder verstellen und das kostet Kraft und Energie. Und die Liebe, für die wir das alles tun, ist es nicht wert, denn so wie wir nicht echt sind, ist auch diese Liebe nicht echt. Und unsere Sehnsucht nach einer echten Liebe wird nur oberflächlich gestillt. Aber wie könnte diese Liebe auch echt sein? Wir werden für etwas geliebt, das nicht wir sind, sondern das Konstrukt, das wir entwickelt haben, um in der Gesellschaft gut anzukommen. Nicht wir werden als Menschen mit all unseren Schwächen geliebt, sondern nur das Konstrukt, das wir für die Gesellschaft erstellt haben.

Mich wundert es nicht, dass die Gesellschaft, Beziehungen und Freundschaften heutzutage immer oberflächlicher werden. Denn oft beruhen diese zwischenmenschlichen Beziehungen genau auf dieser Fake-Liebe. Wir verlieben uns wie so oft nur in das Äußere, in das Gefühl, was der andere uns schenkt, oder in die Stärken des jeweils anderen. Oft kennen wir die Person gar nicht richtig. Aber wie auch? Wie soll uns die Person richtig kennen, wenn wir uns verstellen, unsere Schwächen verstecken und nicht wir sind? Erst nach einer gewissen Zeit, wenn die Masken anfangen zu bröckeln und die Zeiten sich ändern, beginnen wir den anderen so richtig kennenzulernen und die andere Seite der Maske zu sehen. Wir sind dann sehr überrascht, denn die Person, für die sich der andere ausgegeben hat, passt plötzlich nicht mehr zu der Person, die sich langsam hinter der Maske entpuppt. Und wie es oft der Fall ist, trennen sich dann hier die Wege, weil gleiche Einstellungen nicht mehr geteilt werden, man die Schwäche des anderen nicht mehr akzeptieren kann oder weil man vielleicht einfach nicht mehr so gut zusammenpasst, wie anfangs gedacht.

Es ist Energieverschwendung, wenn wir dieser falschen Liebe hinterherjagen. Denn sie ist es nicht wert. Wenn wir so sind, wie wir sind, so wie wir als Individuen geboren wurden, macht uns das verwundbarer und vielleicht werden wir auch nicht überall so geliebt, wie wenn wir uns verstellt hätten. Dafür werden sich aber Menschen aus der Gesellschaft herauskristallisieren, die uns so, wie wir wirklich sind, lieben werden. Menschen, die uns als Menschen, als Individuum mit all unseren Schwächen akzeptieren, wertschätzen und vor allem lieben. Denn unser wahres Ich besteht nicht nur aus Stärken.

> Jeder Mensch hat Schwächen. Warum sollen wir uns also für unsere Schwächen verstecken, nur weil sie sich von den Schwächen anderer Menschen unterscheiden?

Wir alle sind nicht fehlerfrei und perfekt. Wir alle haben Schwächen. Sie sind ein großer Teil von uns. Und darum können wir erst richtig geliebt werden, wenn andere Menschen auch unsere Schwächen lieben können. Wenn wir nur die Stärken des jeweils anderen lieben, können wir diese Person, so wie sie ist, nicht lieben. Deshalb sollten wir eine Person nicht richten und verurteilen oder sie so zu ändern versuchen, zu manipulieren, wie wir sie uns wünschen.

> Erst wer die Schwäche des anderen lieben kann, kann die Person im Ganzen lieben und ist es auch wert, seine Stärken zu lieben.

Diese Menschen, die uns so lieben, wie wir im Ganzen sind, werden unsere Sehnsucht stillen, geliebt zu werden, denn diese Liebe basiert auf einer echten Liebe und auf keiner Fake-Liebe: Wir sollten endlich mal verstehen, dass wir nicht alle gleich sind. Denn wie gesagt, wurden wir alle als Individuen geboren und sollten uns deswegen auch alle als Individuen respektieren. Vor allem aber sollten wir uns selbst als Individuum respektieren und unsere Individualität nicht verstecken. Wir können stolz drauf sein, denn unsere Individualität macht jeden einzelnen von uns zu etwas Unbezahlbarem.

Übung 9:

Frage dich einmal selbst, wo verbiege ich mich womöglich, um in der Gesellschaft gut oder besser anzukommen? Wo setze ich eine Maske auf? Frage dich im Anschluss, was positiv und was eher negativ daran ist. Wenn du magst, erstelle dir eine Pro- und Contra-Liste. Es wird sowohl Punkte auf der einen Seite als auch auf der anderen Seite geben. Wichtig ist nur, dass du herausfindest, welche Seite für dich persönlich vielversprechender ist. Und was möchtest du damit erreichen? Was lohnt sich mehr für dich?

KAPITEL 9
VERGLEICHEN UND VERURTEILEN

Vor allem zwei Dinge werden immer unser Wohlbefinden und unseren inneren Frieden stören. Das ist zum einen der Vergleich und zum anderen die Verurteilung. Beides hindert uns daran, Fortschritte zu machen und an unserer Persönlichkeit zu wachsen: Wenn wir uns selbst immer mit anderen vergleichen und uns selbst immer wieder verurteilen, werden wir nie glücklich.

9.1 DER STÄNDIGE VERGLEICH

Eines der größten Probleme und zugleich aber auch eines der verlockendsten Dinge in einer Gesellschaft ist der Vergleich. Wir vergleichen uns ständig mit anderen Menschen. Es ist interessant zu sehen, wie der andere aussieht, welche Stärken und welche Schwächen er hat. Und dann, wenn wir alles genau bei dem jeweils anderen analysiert haben, schauen wir auf uns selbst und beginnen zu vergleichen. Wie sehe ich aus? Sehe ich besser aus? Oder schlechter? Habe ich auch die Schwächen oder Stärken?

> Sich zu vergleichen mit anderen Menschen und mit der Gesellschaft ist eines der Gründe, die uns von unserem Glück fernhalten.

Manche Menschen vergleichen sich und fühlen sich danach besser als andere und selbstbewusster, weil sie meinen, besser auszusehen, mehr Erfolg zu haben oder sonst irgendwas besser zu können. Andere hingegen vergleichen sich und fühlen sich danach schlechter und minderwertiger, weil sie meinen, schlechter auszusehen, weniger Erfolg oder generell mehr

Schwächen als andere zu haben. Unser Vergleich mit anderen Menschen fängt schon mit dem Vergleich unserer Äußerlichkeiten an. Auf das Thema Schönheit werde ich in diesem Buch noch näher eingehen.

Im Endeffekt bringt uns das Vergleichen nur eigenen Schaden ein, denn jeder Vergleich entfernt uns von uns selbst und bringt uns von unserem Weg ab. Und wofür? Dass wir uns dann selbst Vorwürfe und uns selbst nieder machen, uns die Schuld für etwas geben und uns im Endeffekt nur minderwertiger fühlen. Das ist es nicht wert. Natürlich ist es nicht schlecht, sich ab und an umzuschauen und sich inspirieren zu lassen, aber der ständige Vergleich mit anderen macht uns schlussendlich immer nur unglücklich: Denn ihr Weg ist nicht unser Weg.

Übung 10:

Ertappe dich selbst beim nächsten Mal, wenn du dich mit jemand anderem vergleichst. Versuche dann den Fokus wieder auf dich selbst zu lenken und sage dir in Gedanken: „Dein Weg ist nicht mein Weg." Sei stolz auf dich und belohne dich danach mit etwas, was dir guttut, denn du bist dir selbst treu geblieben.

9.2 DAS STÄNDIGE VERURTEILEN

Wie oft geben wir uns selbst die Schuld für etwas? Wir sind schuld dafür, dass wir schüchtern sind, oder wir sind schuld dafür, dass wir uns so oder so verhalten haben. Wir selbst sind oft mal unser strengster Kritiker. Wer sollte denn auch sonst dafür schuldig sein, wenn nicht wir? Die anderen sind nicht daran schuld, dass ich vielleicht etwas schüchterner bin. Im Grunde genommen kann das nur an mir liegen, denken wir oft. Wir geben uns selbst die Schuld dafür. Doch in Wahrheit lautet die Antwort auf die Frage, wer nun schuld sei: niemand.

Niemand ist schuld, dass du vielleicht etwas schüchterner bist oder dass du vielleicht das ein oder andere anders tust als der oder die andere. Oft hat ein großer Teil, wenn wir beim Beispiel Schüchternheit bleiben, ganz schlicht und einfach mit der Genetik zu tun und mit den Erfahrungen, die wir in unserer Vergangenheit gemacht haben. Sind wir beispielsweise von Geburt an eher introvertiert und haben dann auch noch schlechte Erfahrungen in unserer Vergangenheit gemacht, zum Beispiel im Umgang mit Referaten, so liegt es nicht weit entfernt, dass wir heute schüchtern sind. Sind wir nun dafür schuldig? Nein. Sind vielleicht die Mitmenschen daran schuld, die mich bei meinen Referaten ausgelacht haben? Nein. Auch wenn es nicht gutzuheißen ist, andere auszulachen. Trotz alledem ist niemand schuld. Wir haben also kein Recht dazu, uns selbst als Schuldigen verantwortlich zu machen. Wir stehen ja auch nicht jeden Tag aufs Neue auf und geben uns die Schuld dafür, dass wir so oder so groß sind. Wir selbst haben uns schließlich nicht selbst gemacht. Und das ist eine ganz wichtige Erkenntnis. Wir sind so, wie wir sind. Wir müssen es stückweise akzeptieren, was nicht heißt, dass wir nicht das Beste aus uns rausholen können. Aber uns die Schuld zu geben, bringt uns nicht nach vorne. Es hindert uns vielmehr daran das Beste aus uns zu machen.

Sowohl das Vergleichen als auch das Verurteilen sind enorme Krafträuber, die uns im Endeffekt immer nur unglücklich machen. Um glücklicher zu werden und an unserer Persönlichkeit zu wachsen, müssen wir lernen, beide Krafträuber immer wieder zu ertappen und abzulegen, denn sie bringen uns keinen Schritt nach vorne.

Übung 11:

Wiederhole die Übung 10 mit der Änderung, dass du dich nun dabei ertappst, wenn wieder dein größter Kritiker dir die Schuld geben will. Sage dir in Gedanken: „Ich weiß, du willst mir wieder die Schuld geben. Dabei ist der Schuldige schon bekannt. Weder ich noch jemand anderes ist an meiner Situation schuld. Niemand!“ Belohne dich auch diesmal mit einer Kleinigkeit dafür, dass du wohlwollend mit dir geredet hast und für, anstatt gegen dich eingetreten bist. Das ist ein großer Schritt!

KAPITEL 10
UNSER ÄUSSERES

Heutzutage ist es kaum noch wegzudenken. Alles dreht sich um dieses eine Thema: Schönheit. Wie sehe ich aus? Bin ich hübsch? Oder bin ich hässlich? Was denken die anderen über mein Äußeres? Bin ich schön genug? Und da ich denke, dass dieses Thema doch sehr präsent bei uns selbst und in unserer Gesellschaft ist, wollte ich diesem Thema ein Kapitel in diesem Buch widmen.

Wie schon erwähnt wurden wir alle als Individuen geboren und sehen demzufolge auch alle anders aus, was auch gut ist, denn das macht die Welt erst so bunt und vielseitig. Doch trotzdem beurteilen wir Menschen nach ihrem Aussehen. Wir legen eine Skala an, wo auf der einen Seite hübsch, auf der anderen Seite hässlich steht, und verschieben die Leute auf der Skala nach unserem eigenen Ermessen und dem der Gesellschaft – entweder in Richtung hübsch oder in Richtung hässlich. Wir wischen nach rechts, wenn uns das Äußere einer Person gefällt, und nach links, wenn nicht. Wir loben, verachten und beurteilen Menschen für etwas, für das sie nichts können und für das sie auch nichts geleistet haben, denn sie wurden so geboren. Wir reduzieren Menschen auf ihr Äußeres und legen immer weniger Wert auf die Werte, die wir Menschen im Inneren tragen und die uns ausmachen.

Oft empfinden wir Menschen als schön, wenn Symmetrie und Proportionen stimmen, und Menschen hässlich, wenn Asymmetrien vorkommen. Und oft empfinden wir dünne Menschen hübscher als dicke. Dabei ist jeder Mensch auf einer anderen Art und Weise hübsch, die man nicht verallgemeinern kann, denn wir sind alle anders und jeder Mensch hat seine eigene individuelle Schönheit, die wir jedoch oft nicht sehen. Dafür schauen wir lieber auf etwas, für das die Person nichts kann und was die Person auch nicht ändern kann, nämlich auf das Äußere.

Wenn wir uns selbst nicht im Spiegel oder sonst wo sehen könnten und keiner einem sagen würde, wie er aussieht, würden wir dann auch so auf das Äußere eines anderen gucken? Würden wir es überhaupt wagen, das Äußere eines anderen zu beurteilen, geschweige denn zu kritisieren oder zu verachten? Wir wären dumm, wenn wir das tun würden, denn wir könnten genauso aussehen wie der andere.

Jeder Mensch ist gleich viel wert.

Wir werden durch unser Äußeres nicht mehr oder weniger wert, das Erscheinungsbild ist nur eine Tatsache und kein Verdienst, den die Person geleistet hat. Das Einzige, nach dem wir Menschen beurteilen dürfen, sind die inneren Werte, die jeder Mensch in seinem Herzen trägt, und die Dinge, die ein Mensch tut und leistet. Charakter und Werte sind nämlich Dinge, für die jeder Mensch im Gegensatz zum Äußeren selbst verantwortlich ist. Mit dem Äußeren ist nicht gemeint, ob sie sich pflegt oder wie er sich kleidet, sondern wie jemand allgemein aussieht, also wie er geboren wurde. Für seinen Charakter kann jeder Mensch etwas leisten, Werte kann man sich erarbeiten. Jedoch nicht, in welcher Erscheinung man geboren wird. Es bleibt eine Tatsache, die so ist, wie sie ist, und die uns als Menschen einzigartig macht.

> Es wird immer einen geben, der in den Augen der Gesellschaft hübscher ist, und es wird immer einen geben, der weniger hübsch ist, aber das macht die Schönheit in einem Menschen nicht aus.

10.1 SELBSTBILD

Heutzutage legen wir besonders viel Wert auf unser Erscheinungsbild. Wir tun dies, um uns wohlzufühlen – sagen wir. Doch in Wahrheit tun wir dies, um uns in der Gesellschaft anzupassen, um uns zu präsentieren und um uns in einer gewissen Art und Weise in der Masse durchzusetzen.

Wir ziehen uns trendige Kleidung an, um nicht ausgeschlossen zu werden, schminken und stylen uns so, wie es das Musterbeispiel der Gesellschaft von uns verlangt, und bearbeiten unsere Bilder mit allen möglichen Filtern, um so makellos wie nur möglich auszusehen. Wir sind im Glauben, dass wir geschminkt, gestylt oder gephotoshopt besser aussehen, weil wir bereits verlernt haben, uns so zu lieben, wie wir auch wirklich aussehen. So wie wir geschaffen wurden. Wir kritisieren unsere Schönheit, weil wir doch so viele kennen, die besser aussehen. Wir sind neidisch und machen uns selbst Vorwürfe. Wir setzen unser Äußeres in Kritik und machen uns selbst runter. Wir wollen die Asymmetrien und die äußeren Patzer, die wir als Fehler betrachten, verbergen und vertuschen, denn sie entsprechen nicht dem Musterbeispiel der Gesellschaft. Wir wollen perfekt sein, doch das sind wir nicht und werden es auch nie sein. Wir alle haben unsere Fehler, der eine mehr und der andere weniger. Doch unser Aussehen als einen Fehler zu betrachten, ist Unrecht. Für Fehler sind wir verantwortlich, für unser Aussehen nicht. Wir haben uns schließlich nicht ausgesucht, wie wir aussehen – es bleibt eine unveränderbare Tatsache.

Übung 12:

Stelle dich einmal für ein paar Minuten vor einen Spiegel und schaue dich komplett an. Suche dir anschließend drei Körperteile bzw. Körperregionen raus, die du an dir wunderschön findest. Welche Gefühle kommen in dir hoch? Sprich dir selbst Lob zu und sag dir selbst, wie wunderschön du bist. Halte dieses Gefühl einen Moment und schaue dir dann die Körperteile bzw. Körperstellen an, mit denen du komplett unzufrieden bist. Auch wenn es sich nicht danach anfühlt, sprich dir wieder selbst Lob zu und sag dir selbst, wie einzigartig dich diese Körperstellen machen und wie wunderschön du bist. Widme anschließend deinen Blick wieder deinem ganzen Körper. Du wirst sehen, wie wunderschön du doch bist.

10.2 WAS BRINGT UNS UNSER ÄUSSERES?

Es liegt wohl in unserer Natur, dass wir immer besser als der andere sein wollen. Wir wollen besonders attraktiv sein und uns anderen gegenüber, unserer „Konkurrenz", durchsetzen. In der Biologie würde man das vermutlich Selektion nennen. Der Stärkere und Attraktivste setzt sich durch und überlebt. Doch wir Menschen sind keine Tiere, die sich anhand von Äußerlichkeiten und körperlicher Stärke miteinander messen müssen, auch wenn man das heute oft denken mag. Wir sind so viel mehr als nur unser Äußeres. Wir sind Menschen mit Gefühlen, Werten und Verstand, die die Gabe haben, in dem jeweils anderen Menschen mehr zu sehen als nur dessen Oberfläche. Doch leider verschwinden diese Werte zunehmend in unserer Gesellschaft.

Wir sind im Glauben, dass unser Äußeres eines der wichtigsten Dinge in dieser Welt ist. Denn wer gut aussieht, hat gute Chancen, einen Partner oder eine Partnerin zu finden, und wer gut aussieht, wird von den anderen gelobt, beneidet und akzeptiert. Wer gut aussieht, wird von der Gesellschaft geliebt.

Und ja, es stimmt vielleicht. Wer gut aussieht, hat in dieser Gesellschaft gute Voraussetzungen, einen Partner oder eine Partnerin zu finden, oft sogar bessere als jemand, der weniger gut aussieht. Und ja, es stimmt auch, dass jemand, der in den Augen der Gesellschaft als hübscher gilt, von der Gesellschaft mehr akzeptiert und nicht so häufig ausgeschlossen wird. Doch all diese scheinbaren Vorteile, die ein hübsches Aussehen versprechen, basieren, so wie das Aussehen selbst, nur auf Oberflächlichkeiten. Jemand, der hübscher als der andere ist, findet vielleicht schneller einen Partner, womöglich dazu auch noch einen besonders attraktiven. Doch das heißt noch lange nicht, dass die Beziehung auf wahrer Liebe beruht. Denn das, was zwei Menschen letztlich zusammenschweißt, sind der Charakter und die inneren Werte. Vielleicht akzeptiert, lobt und beneidet die Gesellschaft die einen mehr als die anderen, aber das spielt doch keine Rolle, wenn du dir deiner Werte bewusst bist und wenn du weißt, wer du bist und was dich ausmacht.

Also was bringt dir ein gutes Aussehen?

Viele verbinden mit einem guten Aussehen eine Art Selbstbewusstsein. Es fällt ihnen leichter, von außen als perfekt betrachtet zu werden. Sie wirken auf den ersten Blick oftmals selbstbewusst, weil sie mit ihrem Aussehen in der Gesellschaft glänzen, auch wenn dies nicht bedeutet, dass sie zwingend mit sich zufrieden sind und nicht auch mit fehlendem Selbstbewusstsein zu kämpfen haben.

Selbstverständlich ist das Aussehen nicht zwingend ein Indiz für eine selbstbewusste Wahrnehmung der eigenen Persönlichkeit, aber dennoch denke ich, dass das Selbstbewusstsein in der heutigen Zeit zunehmend vom eigenen Erscheinungsbild abhängig ist. Dabei sollte es von größerer Bedeutung sein, sich seiner Werte bewusst zu sein und sein Selbstbewusstsein darauf aufzubauen. Denn das Äußere ist vergänglich und bringt uns nicht das, wonach wir uns Menschen tief im Inneren sehnen: Was hilft dir, wenn du Angst hast oder in Gefahr bist? Dein Aussehen oder dein Mut?

Und wenn du müde wirst und dazu neigst aufzugeben, hilft dir dann dein Aussehen oder dein Ehrgeiz, dein Durchhaltevermögen und der unbezwingbare Wille, den du in dir trägst?

Und wenn du ein guter Mensch sein willst, hilft dir dann dein Aussehen oder die Liebe, deine Hilfsbereitschaft und Höflichkeit gegenüber anderen Menschen und der Respekt, den du jedem einzelnen gegenüber erweist?

Das Aussehen bringt dich vielleicht in dieser oberflächlichen Gesellschaft ein Stück weiter, aber in Wahrheit ist es im Gegensatz zu deinem Charakter und deinen Werten als Mensch nichts wert. In Wahrheit bringt es uns im Leben nicht weiter, geschweige denn hilft es uns, das Leben zu meistern.

Wir sollten uns nicht für andere verstellen und Dinge tun, die wir eigentlich nicht toll finden, aber dennoch tun, weil es in der Gesellschaft gerade „in " ist. Wenn wir in den Spiegel von Angesicht zu Angesicht in die Augen schauen, sollten wir uns nicht für etwas Besseres halten und auch nicht für minderwertiger als andere, denn das ist nicht die Schönheit, die dich als Menschen ausmacht. Des Weiteren sollten wir den Irrglauben ablegen, dass uns aufgrund unseres Äußeren etwas zusteht oder dass wir darum etwas nicht verdient hätten.

Wer auf dieser Erde kann schon beurteilen, ob du schön oder hässlich bist? Niemand. Die Gesellschaft legt einen Maßstab an, alle richten sich nach ihm und ernennen ein fiktives Schönheitsideal. In einer anderen Gesellschaft wärst du vielleicht dieses Ideal. Wenn man die Menschen nach ihren Lieblingsfarben frage, würde man wahrscheinlich alle Farben einmal gehört haben, denn jeder Mensch hat eine andere. Es gibt nicht eine Farbe, die alle Menschen als ihre Lieblingsfarbe empfinden. Die Geschmäcker sind verschieden. In der Gesellschaft liegt jedoch das Problem, dass jemand eine Lieblingsfarbe vorgibt, alle mitlaufen und fälschlicherweise angeben, dass dies auch ihre Lieblingsfarbe sei.

Es ist egal, wie man aussieht. Das Aussehen soll uns nicht darin hindern, unsere Träume und Ziele zu erreichen. Es bleibt eine Tatsache und kein Verdienst, für den wir was geleistet hätten. Dein Äußeres definiert zudem nicht die wahre Schönheit, die du als Mensch in dir trägst: Wir sollten endlich anfangen, anstatt durch unsere Augen nur die Körper der anderen zu betrachten, mehr einen Blick auf ihre Seelen zu werfen. Denn dort befindet sich die wahre Schönheit. Wir haben es nicht nötig, uns ständig mit unserem Aussehen zu beweisen. Wir sind gut so, wie wir sind.

KAPITEL 11
DIE SCHWÄCHEN DER ANDEREN

Wir wissen alle, dass wir nicht perfekt sind und dass jeder von uns Schwächen hat, und trotzdem verurteilen wir andere Menschen dafür. Wir verurteilen Menschen für etwas, was wir selbst besitzen. Vielleicht besitzen wir nicht die gleichen Schwächen, aber wir besitzen welche. Dennoch vergessen wir das oft, wenn wir draußen in der Gesellschaft sind und unsere Maske der vermeintlichen Stärke aufhaben. Wir vergessen, dass wir selbst Schwächen haben. Aber auf die Schwächen der anderen achten wir dafür umso genauer. Wir erkennen sofort, wenn die Schwächen der anderen zum Vorschein kommen. Denn nicht jeder kann diese Maske immer aufrechterhalten und nicht jeder will diese Maske aufziehen. Und genau diese Menschen, die ihre Schwächen offen auf ihrer Brust tragen, die sich der Gesellschaft nicht so anpassen wollen oder können und ihre Individualität größtenteils noch beibehalten, sind die Menschen, die oft ins Visier der anderen geraten. Denn sie passen nicht zum größten Teil der Gesellschaft. Sie sind nicht so wie die meisten. Sie sind anders und werden in den Augen der Gesellschaft als seltsam betrachtet. Vielleicht sehen sie anders aus, tragen nicht das, was gerade „in" ist, sondern lieber das, was sie mögen, haben andere Interessen, Glaubenseinstellungen, eine andere Sexualität oder eine Schwäche, die sie nicht so einfach verbergen können. All das reicht aus, um von der Gesellschaft verurteilt zu werden und all das reicht aus, um von der Gesellschaft ausgegrenzt zu werden. Und warum? Weil sie anders sind. Weil sie nicht dazu passen. Und das stimmt. Sie passen nicht dazu, denn sie tragen nicht diese Maske oder spielen eine Person, die sie aber gar nicht sind, nur um geliebt zu werden. Sie sind sie geblieben mit ihrer ganzen Individualität.

Und das stört die anderen, denn sie können ihre Individualität nicht so ausleben. Sie sind gefangen hinter ihren Masken. Denn wenn sie ihre Masken ablegen, könnten sie selbst ins Visier der Gesellschaft geraten. Sie könnten ebenfalls riskieren, nicht mehr dazuzugehören, ausgeschlossen und letztendlich zum Opfer zu werden. Also verstecken sie sich lieber weiterhin und präsentieren ihre scheinbare Stärke. Die anderen hingegen, die anders sind als die meisten, die individueller sind, tragen die Schwäche vor ihrer Brust und sind damit verwundbarer. Im Grunde genommen ist es aber gar keine Schwäche. Sie wird nur in den Augen der Gesellschaft als Schwäche verurteilt. Anders zu sein ist normal, denn Individuen sind nun mal nicht gleich. In der Gesellschaft wird dieses Anderssein aber oft nicht akzeptiert. Mehr noch wird es niedergemacht. Wovon ich rede? Von einem der hässlichsten und einem weit verbreiteten Problem in unserer Gegenwart, in unserer Gesellschaft: das Mobbing.

11.1 EXKURS: MOBBING

Menschen, die anders sind, und Menschen, die ihre Schwäche offen mit sich tragen, werden oft zu Opfern von Mobbing. Ob sich die Täter dabei besser fühlen wollen oder ob sie auch nur dazugehören wollen. Ich weiß es nicht. Aber eines weiß ich: Sie wissen nicht, was sie dort tun, geschweige denn was sie damit anrichten. Sie denken, es sei ein kleiner Scherz, ein kleiner Streich, nur ein paar Worte. Aber sie wissen nicht, was sie dort tun. Was sie damit alles beim Gegenüber zerstören, wie sie ihn damit verändern.

Manche waren schon mal betroffen, andere haben nur davon gehört. Aber die meisten, denke ich, hatten schon mal was mit dem Thema zu tun. Entweder als Opfer oder als Täter. Es ist so ein großes Thema mit so viel Schmerz und Leid, dass ich es hier in Worten gar nicht zusammenfassen kann. Eines sei aber gesagt: Egal ob Opfer oder Täter, beide Positionen sind schwach. Das Opfer ist schwach, weil es sich nicht wehren kann, und der Täter ist schwach, weil er nun mal das tut, was er tut, obwohl er genau das Gegenteil sollte, nämlich dem Opfer helfen. Das wäre die wahre Stärke.

Dass das Opfer schwach ist, ist auch kein Urteil, denn es würde nicht gemobbt werden, wenn es stark wäre und sich wehren könnte. Wie gerade gesagt, werden wir dann angegriffen, wenn wir nicht stark sind. Und genau das macht Mobbing zu einer der hässlichsten Sachen überhaupt. Wir beschweren uns, wenn jemand am Boden liegt und auf ihn eingetreten wird, dabei ist es mit Mobbing nicht anderes. Wir glauben, physische Gewalt wäre schlimmer als Worte und Taten. Was jedoch diese oder besser gesagt Mobbing anrichten können, ist weitaus schlimmer. Denn sie hinterlassen Narben auf den Seelen der Betroffenen. Aber davon wissen die Aggressoren nichts. Sie wissen absolut nicht, was sie tun und damit anrichten. Sie wissen absolut nicht, wie lange die Opfer die Narben auf der Seele weitertragen. Währenddessen haben sie bereits alles vergessen. Das Opfer hingegen wird diese Taten, die die Wunden in die Seele gerissen hat, niemals vergessen. Manchmal bleiben sie ein Leben lang. Sie wissen nicht, was sie tun und wie lange der Schmerz und das Leid anhält, das die Opfer Tag für Tag mit sich tragen. Sie wissen absolut gar nichts.

An alle, die in ihrer Vergangenheit gemobbt wurden, sei gesagt, dass diese schlechten Erinnerungen nun Vergangenheit sind. Und auch wenn die Narben auf der Seele immer noch bluten, all das Leid ist nicht umsonst. Denn es wird euch eines Tages stärker machen als die, die versucht haben, euch niederzumachen. Am Ende werdet ihr stärker, viel stärker, als sie es sich je erträumt hätten.

Und an all diejenigen, die jetzt in der Gegenwart gemobbt werden, sei gesagt, dass ihr euch nicht niedermachen sollt.

Ich weiß, das ist einfacher geschrieben als getan. Aber seid euch bewusst, dass weder ihr noch irgendjemand auf dieser Welt es verdient hat, gemobbt zu werden. Vielleicht seid ihr jetzt schwach und kraftlos. Aber dennoch, versucht stark zu bleiben und kämpft euch wieder hoch, bis euch nichts mehr niedermachen kann und ihr nichts mehr persönlich nehmt. Kämpft. Denn auch ihr werdet eines Tages stärker sein. Und wenn ihr es allein nicht schafft, dann sucht euch jemanden, dem ihr vertrauen könnt und der euch hilft.

Und für all diejenigen die in der Zukunft gemobbt werden, lasst es nicht zu. Seid keine Opfer. Auch wenn das schwer ist und auch wenn es nicht immer funktioniert. Ihr und jeder Mensch darf schwach sein. Aber ihr dürft euch nicht von anderen noch schwächer machen. Das dürft ihr nicht zulassen.

Kein Mensch auf dieser Welt hat das Recht,
Wunden auf deiner Seele zu errichten.

Übung 13:

Wenn ihr das nächste Mal jemanden seht, der gemobbt wird, schaut nicht weg, sondern sammelt eure Stärke. Ihr müsst nicht unbedingt dazwischengehen, aber zeigt demjenigen, dass ihr für ihn da seid. Bietet ihm eure Unterstützung an oder holt euch gemeinsam Hilfe von anderen. Denn ihr selbst hättet euch gewünscht, dass jemand für euch als Gemobbter genauso gehandelt hätte. Habt Mut!

KAPITEL 12
GEGENWÄRTIGES LEID

Wie wir sehen, gibt es auch in unserer Gegenwart Leid, so wie es in unserer Vergangenheit Leid gab. Und auch dieses Leid hat eine bestimmte Aufgabe in unserem Leben. Denn ohne Tiefschläge würden wir, wie schon beschrieben, als Persönlichkeit nicht wachsen und ohne Fehler würden wir nie lernen, was richtig oder falsch ist. Mit jedem Tiefschlag und mit jeder schwierigen Zeit möchte uns das Leben eine Botschaft senden. Es möchte uns mitteilen, dass ein Kapitel unseres Lebens gerade vorbei ist und dass ein neues beginnt. Es zeigt uns, dass sich gerade eine Tür geschlossen und eine andere geöffnet hat. Es möchte uns vielleicht auch darauf aufmerksam machen, dass wir etwas verändern und eine neue Richtung einschlagen müssen, weil das Leben, so wie wir es gerade führen, uns selbst nicht guttut.

Häufig stehen wir in unserem Leben zwischen den beiden Türen. Hinter uns die eine, die zu unserem alten Lebensabschnitt führt, und vor uns die Tür zu unserem neuen. Anstatt jedoch einfach weiterzugehen und durch die neu geöffnete Tür in unseren neuen Lebensabschnitt zu starten, drehen wir uns um und denken ständig über unsere Vergangenheit und die Dinge nach, die gerade nicht so gut laufen – oder über die Dinge, die schmerzhaft sind.

Wir verurteilen Menschen, Situationen oder Schicksalsschläge dafür, dass wir wegen ihnen dort sind, wo wir uns gerade befinden. Und womöglich stimmt es auch. Wir geben die Schuld den anderen oder uns selbst. Aber nur aus einem einzigen Grund: Weil du es zugelassen hast, dass diese Menschen, Situationen und Schicksalsschläge über dich herrschen. Du bist der Herr deines Lebens und kannst entscheiden, was du an dich heranlässt und was nicht. Du kannst entscheiden, ob du traurig oder fröhlich bist. Du kannst entscheiden, ob du weiterläufst, wenn dein Körper schlapp macht und aufhören will weiterzugehen, oder ob du stehen bleibst. Es ist alles Kopfsache. Menschen, Situationen oder Schicksalsschläge können in uns bestimmte Gefühle auslösen, doch letztlich haben wir immer noch die Wahl, dieses Gefühl anzunehmen oder nicht. Es ist wichtig, auch mal traurig zu sein und zurück in Vergangenes zu schauen. Aber wir dürfen uns nicht zu lange in diesem Zustand aufhalten.

> Wir dürfen unsere Gedanken nicht in der Vergangenheit lassen.

Der Blick geht nach vorne.

In schwierigen Zeiten ist unser Blick meist nur auf die Tür zu unserem alten Lebenskapitel gerichtet. Wir suchen die Quelle für unsere Probleme und vergessen dabei weiterzugehen, durch die neue Tür, die uns das Leben geöffnet hat. Oft gehen wir wieder durch die alte Tür in unser altes Leben zurück. Damit werden die Probleme und Sorgen jedoch nicht besser, geschweige denn lösen sie sich.

Unsere Persönlichkeit wird nicht wachsen, wenn wir uns nur im Kreis drehen und immer einen Schritt nach hinten statt nach vorne machen. Der neue Lebensabschnitt kann nur beginnen, wenn wir einsehen, dass wir etwas verändern und eine Lösung für unsere Probleme finden müssen. Vielleicht hat man bereits nach einer Lösung gesucht, sie aber nicht gefunden, sonst wäre man vermutlich nicht in diesem Loch gelandet, wo man gerade feststeckt. Doch eine Lösung existiert, auch wenn wir meinen, dass es nie eine Lösung geben wird. Es gibt keinen Grund dafür, nicht weiter nach ihr zu suchen, stehenzubleiben oder wieder durch die Tür in unser altes Leben zu treten. Wir haben keine andere Wahl, als nach vorne zu gehen und nach einer Lösung zu suchen. Immer und immer wieder.

Wenn wir wieder in die Tür unseres alten Lebens zurückkehren, bleiben die Probleme bestehen und das ändert sich auch nicht , solange wir nicht wieder aus der Tür hinausgehen. Wenn wir einsehen, dass unser Leben nicht gut läuft und uns mit der Situation abfinden, werden wir nicht glücklicher, weil wir zwischen den beiden Türen stehenbleiben. Der einzige Weg, der bleibt, ist der Weg nach vorne. Der Weg durch die Tür, die uns das Leben neu öffnet. Hier einen Widerstand aufzubauen, hilft nicht, denn wir haben keine Wahl.

Wir müssen weitergehen und dürfen nicht stehenbleiben, bis am Ende des Tunnels irgendwann das Licht, unsere Lebensfreude, wieder unsere Augen blendet und wir begreifen, dass nichts unmöglich ist, wenn man einfach nur weitergeht.

Probleme und Tiefschläge sind die Schlüsselelemente, die es uns schwer machen, unsere Träume und Ziele zu erreichen. Um unsere Träume zu erreichen, müssen wir durch diese Probleme hindurch, genauso wie wir durch die Angst müssen, um diese zu überwinden. Es gibt keinen Weg um die Probleme herum. Probleme werden immer kommen. Wichtig ist nur, wie man mit ihnen umgeht, ob man an ihnen zerbricht oder ob man mit ihnen wächst. Unsere Träume werden uns nicht geschenkt. Wir müssen für sie kämpfen wie für eine wahre Liebe: Wir müssen begreifen, dass Tiefschläge, Probleme und Fehler die normalste Sache auf diesem Planeten sind. Sie werden kommen, aber sie werden auch wieder gehen, wenn wir den Weg des Lebens weitergehen.

> Wir dürfen nicht stehenbleiben oder wieder zurückkehren.

KAPITEL 13
UNSERE PERSÖNLICHKEIT

Wie schon erwähnt, ist das Äußere eines jeden nicht das Wichtigste auf dieser Welt. Es ist wunderbar, wenn man sich pflegt, schick anzieht und wenn man sich einfach mit sich selbst wohlfühlt. Aber die Ansicht, wie wir uns heute mit dem Thema Schönheit beschäftigen, ist meiner Meinung nach sehr oberflächlich. Viel wichtiger ist doch die Persönlichkeit, unsere Persönlichkeit. Unser Charakter und unsere inneren Werte. Jeder Mensch besitzt diese inneren Werte. Bei manch einem würden wir sagen, dass er einen guten Charakter, und bei manch anderem, dass er einen schlechten habe. Wir beobachten Menschen, stellen verschiedene Eigenschaften fest und entscheiden anschließend für uns, ob dieser einen guten oder weniger guten sowie einen starken oder schwachen Charakter besitze.

Für unseren Charakter sind wir zum Teil, wie schon gesagt, selbst verantwortlich. Wir entscheiden, wie wir sein wollen und welche Werte wir vertreten. Einige Werte wurden uns anerzogen, andere hingegen haben wir uns selbst angeeignet. Unser Charakter ist aber dennoch in gewisser Hinsicht mit unserer Kindheit bzw. Jugend verwurzelt. Wie schon beschrieben, schauen wir uns in unserer Kindheit und Jugend viele Dinge und somit auch Werte oder Eigenschaften anderer Personen ab und versuchen diese ebenfalls so zu übernehmen. Wir möchten so wie sie sein und hinterfragen noch nicht, ob wir später einmal dieselben Werte vertreten möchten. Wir werden größer und beginnen, unsere eigene Meinung zu entwickeln. Manche Werte, die uns anerzogen wurden, legen wir dann ab und ersetzen sie durch eigene. Andere Werte behalten wir und hinterfragen diese auch nicht, denn schließlich besitzen wir sie schon von klein auf.

Ich denke, wir sollten uns öfters die Frage stellen, welche eigenen Werte man als Persönlichkeit vertritt. Denn erst wenn uns bewusst ist, welche Werte bzw. Eigenschaften wir überhaupt besitzen, können wir daran auch arbeiten. Wir alle besitzen sowohl gute Werte als auch schlechte, gute und schlechte Eigenschaften. Kein Mensch besitzt nur gute Werte. Wir alle sind fehlerhaft. Wenn wir uns nun klargemacht haben, was unsere Eigenschaften sind können wir sie ändern bzw. erweitern.

Eines der wichtigsten Aufgaben in unserem Leben ist es nämlich, unsere Persönlichkeit zu entwickeln. Nur mit einer starken Persönlichkeit sind wir in der Lage, uns in dieser Welt zurechtzufinden, mit anderen Menschen gut klarzukommen, Freundschaften und Beziehungen zu schließen und vor allem so zu leben, wie wir leben wollen, indem wir unsere Ziele und Träume erreichen. Mit einer schwachen Persönlichkeit werden wir nicht weit kommen und unser Leben wird auch nicht so schön sein, wie es sein könnte. Wir brauchen schlicht eine starke Persönlichkeit. Denn auf unserem Lebensweg werden immer wieder Steine auftauchen. Genau das sind die Abschnitte in unserem Leben, in der eine starke Persönlichkeit vonnöten ist. Ohne sie können wir die Steine nicht aus dem Weg räumen. Wir bleiben auf der Stelle stehen, überlegen vielleicht wieder zurückzugehen und machen Rückschläge. Doch wie erlangen wir diese Stärke, mit der wir alle Steine in unserem Leben mit einer gewissen Leichtigkeit aus dem Weg räumen können?

Zunächst einmal muss uns klar werden, dass der Weg hin zu einer starken Persönlichkeit ein langwieriger Prozess ist. Man wird nicht von heute auf morgen eine starke Persönlichkeit besitzen. Das ist unmöglich. Wir müssen viele Herausforderungen überstehen und leiden, damit wir wachsen. Klingt hart, ist aber so. Nichts kommt von allein. Und darum ist es gut, wie schon so oft erwähnt, dass wir in einer Welt leben, in der es zahlreiche Probleme gibt. Jedes Problem und damit jede Herausforderung, die wir gemeistert haben, jede schwere Phase und jedes Leid sind Nahrung für unsere Persönlichkeit. Dadurch wird sie von Zeit zu Zeit immer größer und stärker werden.

Doch nicht jeder wird zu einer starken Persönlichkeit. Denn viele bleiben stehen, wenn Hindernisse wie Probleme oder eine schwere Zeit auftauchen. Sie nehmen das Hindernis an, aber versuchen nicht, es zu überwinden, weil sie glauben, es nicht zu schaffen. So wird die Hürde nie bewältigt. Sie werden stagnieren und ihre Persönlichkeit nicht weiterwachsen. Um allerdings Stärke zu erlangen, müssen wir vor allem eine Voraussetzung aufweisen: Wir brauchen die richtige Einstellung und den nötigen Willen. Ich habe bereits davon gesprochen, dass wir Probleme bzw. Hindernisse aus einem anderen Blickwinkel betrachten müssen. Andernfalls können sie uns zerbrechen.

Nicht jedes Hindernis ist beim ersten Versuch sofort verschwunden. Es benötigt oft mehrere Anläufe, bis man es endlich schafft. Und auch wenn man dann das erste Hindernis geschafft hat, wird es dabei nicht bleiben. Hinter der nächsten Kurve wird ein weiteres Hindernis auftauchen und neben der übernächsten Kurve noch eines. Unser Lebensweg ist überfüllt mit solchen Hindernissen, mit diesen Steinen, die uns den Weg erschweren. Manche Steine sind groß und sehen aus der Ferne aus wie Berge. Man glaubt, dass man es nie schaffen wird, sie aus dem Weg zu räumen. Andere hingegen sind etwas kleiner und manche nur kleine Kieselsteine, die wir lässig mit unseren Füßen aus dem Weg kicken können. Wie dem auch sei. Um das Leben zu meistern und es gut zu leben, brauchen wir eine starke Persönlichkeit. Und um diese wiederum zu erlangen, brauchen wir ein starkes Mindset. Im Gegensatz zur starken Persönlichkeit, die mit einem langen Prozess und Wachstum verbunden ist, können wir unser Mindset sofort kreieren und aufbauen. Doch welches Mindset brauchen wir?

Ich denke, dass jeder Mensch auf diesem Planeten sein ganz eigenes Mindset besitzt, um das Leben, so wie er es für richtig hält, zu meistern. Jeder hat seine eigenen Lebensweisen und Vorstellungen. Und das ist auch gut so. Manche Menschen haben eine ganz bestimmte Einstellung, andere haben eine Religion oder den Glauben an sich selbst.

KAPITEL 14
MINDSET EINES KÄMPFERS

Wir dürfen kämpfen.

In allen Lebenseinstellungen ist eine Sache tief verwurzelt und notwendig, um ein lebenswertes Leben zu leben. Wir dürfen, um die Hindernisse im Leben zu überwinden und um immer wieder aufzustehen, Kämpfer sein. Kämpfen, um mit unserer Vergangenheit zurechtzukommen. Kämpfen, um in unserer Gegenwart glücklich und zufrieden zu sein. Kämpfen, für alle unsere Träume und Ziele, die in unserer Zukunft darauf warten, erfüllt zu werden. Wir dürfen kämpfen, ganz ohne Zwang. Denn das ganze Leben ist ein Kampf. Nicht immer ein schöner Kampf. Aber ein Kampf, der sich lohnen wird. Wir kämpfen nicht für irgendwas. Wir kämpfen für unser Leben.

Wir wurden auf diesem Planeten geboren und haben das Recht bekommen zu leben. Also haben wir auch das Recht, für unser Leben zu kämpfen, das wir verdient haben, und uns im Leben das zu holen, was uns zusteht. Wir dürfen nur nicht vergessen, wie schwer die Schläge des Lebens uns auch treffen, das Mindset eines Kämpfers nie zu verlieren. Dann werden wir der Sieger über uns und über unser Leben sein.

Es wurde uns zwar geschenkt, dennoch müssen wir dafür kämpfen. Unser ganzes Leben lang. Wir müssen für andere kämpfen, für unsere Arbeit, für Erfolg oder für die Liebe. Vor allem aber müssen wir für uns selbst in Zeiten kämpfen, in denen es uns nicht gut geht, an denen wir am Boden liegen. Denn das Kämpfen beginnt erst, wenn uns unser Verstand einreden will, dass wir es nicht schaffen und lieber aufgeben sollten. Genau dann müssen wir dagegen ankämpfen.

Jeder Tag ist wertvoll, denn die Zeit wird nie wieder zurückkommen und jeder Tag sollte so gelebt werden, als wäre es der letzte. Doch die Tage sind nicht alle gleich. An den Tagen, an denen es uns gut geht, genießen wir das Leben und empfinden es als etwas Wunderbares bis die Tage kommen, an denen wir nichts außer Leere in unserem Herzen spüren, an denen wir alles nur schwarzsehen und jegliche Hoffnung wie Lebensfreude verschwunden ist. Wir wollen stark bleiben und uns der Außenwelt so präsentieren, als wäre alles gut, doch im Inneren sind wir zerrissen, kaputt und müde. Beim einen sind dies nur Tage, beim anderen Wochen, bei weiteren sogar Jahre. Doch egal, wie lange es anhält, jeder einzelne Moment fühlt sich schmerzhaft und unerträglich an.

Jeder kennt diese Leere, diese Zeit, die sich so unglaublich hart anfühlt. Die Zeit, in der das Leben dich mit einem Schlag zu Boden boxt. Und dann liegst du dort, blutend von Schlägen mit dem Gesicht im Dreck. Du fühlst dich nackt und verloren, zurückgelassen ohne jegliche Kraft. Es ist nicht das erste Mal, dass du fällst, aber es ist das erste Mal, dass du denkst, es lohne sich nicht mehr, noch einmal aufzustehen und dir den Schmutz vom Gesicht zu wischen. Du willst am liebsten im Dreck liegenbleiben und verbluten. Das Leben wird von dem einen Punkt an wertlos. Nichts hat einen Sinn oder Hoffnung mehr. Die Härte des Lebens scheint dich besiegt zu haben und alles scheint verloren.

Doch genau das ist der Moment, den Krieger in dir aufleben zu lassen und dem Leben den Kampf anzusagen. Genau das ist der Zeitpunkt, für dich und dein Leben zu kämpfen anzufangen.

14.1 DIE EINSTELLUNG, EIN KÄMPFER ZU SEIN

Vor allem anderen steht zu Beginn die Einstellung. Wir müssen uns dafür entscheiden, von nun an zu kämpfen und ein Krieger zu werden, der niemals aufgibt. Es ist sicherlich nicht einfach, ein Kämpfer zu werden. Viele Eigenschaften sind lange zu trainieren und kommen wie unsere Persönlichkeit nicht von heute auf morgen. Die Einstellung, im Leben wie ein Krieger zu kämpfen, für unser Leben und das der anderen, ist bereits Ausdruck unserer Persönlichkeit, die damit wächst und wächst. Die Einstellung ist der Grundstein, auf dem eine starke Persönlichkeit entstehen kann. Es ist der Samen, den man in die Erde pflanzen muss, damit aus ihm eines Tages ein großer und ausdrucksstarker Baum wachsen kann, der in allen Wetterlagen, egal ob Sonnenschein, Regen oder Sturm, bestand hält. Ein Baum, der so stark ist, dass er anderen Bäume bei einem Sturm zur Seite steht und sie auffängt, wenn sie fallen. Wir alle haben die Voraussetzungen, solch ein starker Baum zu werden, wenn wir anfangen, den Samen für ihn zu pflanzen, und nicht aufhören, ihn zu gießen, bis aus einem kleinen Bäumchen ein standhafter Baum geworden ist.

Schon zu Beginn brauchen wir dabei großes Selbstvertrauen, denn ein Samen sieht noch lange nicht aus wie ein großer Baum. Ganz im Gegenteil. Er ist winzig und unscheinbar. Es erfordert viel Vorstellungskraft, in diesem Samen einen großen Baum zu sehen. Darum benötigen wir besonders tiefes Vertrauen in uns selbst. Ein Vertrauen, das uns wissen lässt, dass wir es schaffen. Dass wir es schaffen, aus diesem Samen einen Baum zu züchten, der größer wird als all die anderen und eines Tages aus der Masse aller Bäume heraussticht.

Übung 14:

Sprich den folgenden Satz nach: „Ich entscheide mich, der Kämpfer meines Lebens zu werden und nicht der Sklave." Wiederhole ihn dreimal. Am besten sprichst du ihn laut vor dich her.

14.2 DAS TIEFE VERTRAUEN IN UNS SELBST

Ein Krieger zu sein bedeutet, zu kämpfen und niemals aufzugeben. Beides setzt dabei voraus, an sich selbst zu glauben. Ein tiefes Selbstvertrauen ist daher unverzichtbar – ohne werden wir unser Ziel auch nicht erreichen. Oft kommen Gedanken, die uns die Gründe mitteilen, warum wir es nicht schaffen. Manchmal sind sie so überzeugend, dass wir anfangen, daran zu glauben. Wir verlieren unser Selbstvertrauen.

Doch warum verlieren wir das Vertrauen in uns selbst? Schlechte Erfahrungen und die daraus resultierenden negativen Glaubenssätze wirken sich oft mal negativ auf unser Selbstvertrauen aus. Beziehen wir dies nochmal auf das Beispiel der Schüchternheit: Waren wir in der Vergangenheit zum Beispiel sehr unsicher bei Referaten und haben dann noch bestätigende Resonanz vom Publikum bekommen, wie zum Beispiel Gelächter oder ähnliches, könnte sich daraus ein Glaubenssatz gebildet haben wie: „Ich bin schüchtern." Diesen tragen wir dann wie fest und eingebrannt mit uns rum und identifizieren uns mit ihm. Beim nächsten Referat gehen wir mit genau diesem Glaubenssatz erneut hinein. Und das Resultat? Genau. Auch diesmal wird das Referat vermutlich nicht sehr selbstbewusst vorgetragen, sondern unsicher. Denn derjenige glaubt nicht daran, dass er offen und selbstbewusst, sondern schüchtern und unsicher ist.

Jetzt fragst du dich vielleicht, wie derjenige denken soll, dass er selbstbewusst ist, wenn sein Verhalten in der Vergangenheit unsicher und eher gehemmt war? Es stimmt, dass die Erfahrungen einen großen Teil davon ausmachen, wie sich unsere Glaubenssätze entwickeln und wie wir selbst über uns denken. Dennoch sind diese negativen Glaubenssätze, auch wenn es uns oft so scheinen mag, nicht fest in Stein gemeißelt. Wir haben die Kontrolle darüber, was wir uns immer wieder einreden oder nicht. Wir müssen unsere negativen Glaubenssätze nur in positive umwandeln. Der negative Glaubenssatz „Ich bin schüchtern" könnte demnach „Ich bin aufgeschlossen" lauten oder aus „Ich bin nicht genug" entsteht der Glaubenssatz „Ich bin gut genug." Vielleicht mag das zu Beginn etwas komisch klingen und mit der Eigenwahrnehmung nicht übereinstimmen. Aber glaube mir, je öfter wir die negativen Glaubenssätze in positive umwandeln und die positiven immer wieder wiederholen, desto mehr wird sich unser Verhalten in die positive und gewünschte Richtung lenken.

> Unsere Glaubenssätze sind der Spiegel unseres Verhaltens.

Übung 15:

Welche drei negativen Glaubenssätze fallen dir persönlich ein, die dich schon immer bzw. einen großen Teil deines Lebens begleiten haben oder die du oft von anderen Personen über deine Person gehört hast? Schreibe dir diese drei Glaubenssätze einmal auf und versuche Sie in positive Glaubenssätze wie aus dem Beispiel mit Schüchternheit umzuwandeln.

Hier ein paar weitere:
„Ich bin nichts wert!" wird zu „Ich bin wertvoll!"
„Ich bin ein Versager!" wird zu „Ich bin ein Gewinner!"
„Ich schaffe das nicht!" wird zu „Ich werde das hinbekommen!"
„Ich darf keine Schwäche zeigen!" wird zu „Ich darf Schwäche zeigen! Das zeigt Stärke."

Ich hoffe, das Prinzip ist verständlich. Natürlich sind dies nur Beispiele. Bitte beziehe die Glaubenssätze auf dich persönlich und schreibe die positiv umgewandelten Glaubenssätze neben die negativen. Versuche die negativen Glaubenssätze, immer wenn sie im Alltag hochkommen, sofort in die positiven umzuwandeln. Wiederhole sie auch gerne einfach so immer und immer wieder. Dies stärkt dein Vertrauen zu dir selbst und dein Handeln wird sich ins Positive verändern. Denn dein Handeln folgt deinen Gedanken.

Selbstliebe.

Eine weitere Voraussetzung für das tiefe Vertrauen in uns selbst ist neben den positiven Glaubenssätzen insbesondere die Liebe zu uns selbst. Die Selbstliebe ist das Fundament, auf dem sich unser Selbstvertrauen und unsere ganze Persönlichkeit aufbaut. Wer sich selbst liebt, kann auch die anderen lieben. Jeder kennt diesen Satz. Doch warum fällt es uns so schwer, uns selbst zu lieben? Ich denke, die Antwort dieser Frage liegt im Anfang der Selbstliebe. Jede Selbstliebe fängt mit der Selbstakzeptanz an.

Um mich selbst lieben zu können, muss ich mich zunächst einmal so akzeptieren, wie ich mit meinen Stärken und Schwächen bin. Ich muss die Dinge an mir akzeptieren, die so sind, wie sie sind, und die ich nicht verändern kann. Etwas Besseres kann ich nicht tun.

Ich muss meine Vergangenheit annehmen und akzeptieren, dass ich so aussehe, wie ich aussehe. Ebenfalls gewisse Charaktereigenschaften, die ich besitze oder vielleicht auch vererbt habe, muss ich, in einer gewissen Art und Weise, hinnehmen. So wird der introvertierte Mensch höchstwahrscheinlich nie so offen werden wie der extrovertierte, der extrovertierte Mensch nie so zurückhaltend wie der introvertierte. Natürlich kann der eine wie der andere werden und umgekehrt, dennoch muss man akzeptieren, dass man gewisse Charaktereigenschaften einfach hat bzw. vererbt bekam. Es ist ein Teil von uns. Es sind, wie zu Beginn schon erwähnt, unsere Karten, die wir bekommen haben, als wir in das Spiel namens Leben eingetreten sind. Sich darüber zu beschweren, bringt uns keinen

Schritt nach vorne. Wir müssen unsere Karten lieben lernen. Erst dann können wir das Spiel in vollen Zügen genießen und das Beste für uns rausholen.

Uns muss klar sein, dass wir gut genug sind, wie wir sind.

„Du bist gut genug!" Dieser Glaubenssatz sollte bei jedem von uns ganz oben auf der Liste an Glaubenssätzen stehen, denn er ist einer der wichtigsten. Wie oft fühlen wir uns nicht gut genug? Wie oft denken wir, dass wir es nicht verdient hätten oder dass uns was nicht zusteht? Dabei ist jeder von uns gut genug, so wie er ist. Wir müssen keinem was beweisen oder uns wie beschrieben verstellen. So wie wir sind, mit all unseren Fehlern und Schwächen, sind wir gut genug und liebenswert.

Akzeptieren wir uns, so wie wir sind, dann können wir uns auch lieben, wie wir sind. Denn die wichtigste Beziehung in unserem Leben ist die Beziehung zu uns selbst. Wir müssen sie daher gut pflegen. Wir müssen uns Gutes tun, liebevoll mit uns reden (mit positiven Glaubenssätzen) und uns nicht für alles die Schuld geben. Wenn wir uns akzeptieren, uns selbst lieben und versuchen, unsere negativen Glaubenssätze in positive umzuwandeln, sind wir in der Lage, ein tiefes Vertrauen zu uns selbst aufzubauen.

Übung 16:

Tue dir selbst mal etwas Gutes. Mache eine kleine Auszeit und nimm dir mal Zeit nur für dich selbst. Du hast es verdient. Nimm dir einen Tag frei, bereite dir dein Lieblingsessen zu oder mache dir eine heiße Badewanne. Tue das, was dir selbst guttut und glücklich macht. Und mache dies nicht nur einmal, sondern regelmäßig. Denn du bist, wie schon gesagt, die wichtigste Beziehung in deinem Leben. Pflege sie!

14.3 MUT

Wenn wir ein Kämpfer sein wollen, der Kämpfer unseres Lebens, müssen wir auch mutig sein, denn die meisten Kämpfe spielen sich hinter unserer Komfortzone ab. Denn Kämpfen bedeutet nicht immer etwas unbedingt Schönes oder Angenehmes. Und es beginnt auch nicht, wenn alles friedlich und in bester Ordnung ist. Das Kämpfen beginnt, sobald die Ruhe und der Frieden unterbrochen werden. Um für unser Leben und die Dinge, die uns wichtig sind, zu kämpfen, müssen wir uns zunächst in die Zone bewegen, in der der Kampf stattfindet. Und das wiederum erfordert Mut. Denn hinter den sicheren Grenzen befindet sich das Unsichere. Wir kennen diesen Ort nicht so gut wie unser gewohntes Umfeld, denn er ist fremd. Wir fühlen uns unsicher und ängstlich.

Unsere Komfortzone ist wie eine Art Festung, in der wir leben. Wir sind von Mauern geschützt und brauchen wenig Angst zu haben, angegriffen zu werden. Erst wenn wir die Tore unserer Festung öffnen und hinaus in die umliegenden Felder, Wälder und andere Dörfer marschieren, werden wir angreifbar und verletzbar. Hinter jeder dunklen Ecke und hinter jedem Baum könnten Feinde warten, die uns überfallen oder angreifen wollen. Aber dennoch nützt es nichts, nur in seiner Festung zu bleiben und zu warten, bis das Leben auf sein Ende zuläuft. Das ist nicht die Lösung. Denn das Leben spielt sich dort draußen ab, außerhalb unserer Festung. Alle Schätze sind dort draußen. Wir müssen unseren Weg zu ihnen erkämpfen und sie erobern. So können wir unsere Festung erweitern und vergrößern. Unser Leben wird größer und erfüllter.

Zunächst brauchen wir den Mut, um uns in die fremde Welt fern unserer sicheren Mauern zu bewegen. Denn das Schwierigste ist es, die Tore überhaupt zu öffnen. Sobald wir damit anfangen wollen, werden wir Alarmglocken läuten hören, die uns vor der Gefahr dort draußen schützen wollen. Es werden wieder vermehrt Gedanken zum Vorschein kommen, die uns alle möglichen schlechten Szenarien vor Augen halten werden. Und es wird die Stimme kommen, die uns sagt, dass wir uns lieber hinter den sicheren Mauern unserer Festung verstecken sollten. Je länger wir warten, das Tor zur Welt zu öffnen, desto häufiger werden diese Gedanken auftreten, desto lauter wird diese Stimme schreien und die Alarmglocken läuten. Es wird immer schwieriger, das Tor zu öffnen. Deshalb brauchen wir, ohne lange nachzudenken und bevor die Alarmglocken erklingen, Mut und Entschlossenheit. Wir müssen uns nach draußen begeben, in die zunächst fremde Welt, wo das eigentliche Leben erst so richtig anfängt.

Und worauf beruht unser Mut und unserer Entschlossenheit? Wie so vieles beruhen diese zwei Dinge auf unserem Vertrauen an uns Selbst. Wir vertrauen uns selbst, sodass wir uns dort draußen zurechtfinden werden und wir vor allen Gefahren, die auf uns zukommen, beschützt werden. Und das werden wir, wenn wir an uns selbst glauben. Wie gesagt ist der Grundstein für alle weiteren Eigenschaften eines Kämpfers das Selbstvertrauen, und daher so unglaublich wichtig.

Übung 17:

Schreibe dir heute noch eine Sache auf, für die du morgen mutig sein willst. Was möchtest du morgen anders machen als sonst? Wo möchtest du morgen deine sichere Komfortzone verlassen und mutig sein? Und wenn der morgige Tag da ist und die Sache näherkommt, zögere nicht. Zähle von fünf runter und tue es einfach. Du wirst sehen, dass es leichter ist als gedacht. Denn alles wird letztendlich heißer gekocht als gegessen. Habe Mut!

14.4 DISZIPLIN

Eine ebenfalls unverzichtbare Eigenschaft eines Kämpfers ist die Disziplin. Um erfolgreich zu sein, brauchen wir Disziplin. Wie schon erwähnt, wird uns der Erfolg in unserem Leben nicht geschenkt. Wenn wir Erfolg in unserem Beruf, Sport oder auch in einer Beziehung haben wollen, müssen wir auch mehr als einmal etwas für diesen Erfolg tun. Es wird auch nicht reichen, zwei, drei oder zehnmal etwas dafür zu tun. Und es wird auch nicht reichen, wenn man sich eine Woche, einen Monat oder vielleicht ein Jahr dafür reinhängt, und dann zwischendurch immer wieder eine Woche, einen Monat oder ein Jahr Pause macht. So lange, bis wir unseren erwünschten Erfolg haben, müssen wir auch unsere Disziplin haben. Wir müssen bereit sein, kontinuierlich zu arbeiten. Möchten wir den Erfolg anschließend behalten, müssen wir Disziplin aufweisen. Solange wir erfolgreich in einem Bereich sein möchten, so lange müssen wir unsere Disziplin für diesen Bereich auch beibehalten.

Erfolg und Disziplin sind miteinander verknüpft.

Wenn wir zum Beispiel ein erfolgreicher Sportler werden wollen, müssen wir nicht nur talentiert sein, sondern auch Disziplin aufweisen. Wir müssen diszipliniert immer zum Training gehen und uns diszipliniert an unsere Ernährung halten. Wenn wir keine Disziplin haben, werden wir auch kein erfolgreicher Sportler, denn wir würden nicht immer zum Training kommen und uns unbewusst schlechter ernähren. Wir wären nicht so erfolgreich. Das ist kein Geheimnis. Und dennoch fällt es uns oft schwer, Disziplin aufzuweisen, geschweige denn eine Disziplin auf längerer Zeit aufrechtzuerhalten. Denn wie so oft kommen auch hier unsere schlechten Gedanken mit allen möglichen Ausreden zum Vorschein. Diese versuchen, uns zu manipulieren und uns einzureden, was alles dagegenspricht, heute für unseren Erfolg etwas zu tun.

Sie sagen uns, dass heute einfach nicht der richtige Tag sei, dass wir müde und erschöpft seien. Und damit es für uns leichter anzunehmen ist, versprechen uns unsere Gedanken, morgen, nächste Woche oder sogar nächstes Jahr daran weiterzuarbeiten. Wir lassen es also nicht ganz sein, sondern verschieben es nur. Das ist nicht so schlimm, oder? Doch, ist es. Je weiter weg wir unsere Arbeit oder Dinge, die wir erledigen müssen, nach hinten schieben, desto unproduktiver und damit erfolgloser werden wir. Das führt dazu, dass wir unseren Erfolg erst viel später erreichen oder vielleicht manchmal auch gar nicht.

Darum ist Disziplin so unglaublich wichtig für unser Leben. Wenn wir eine starke Persönlichkeit werden wollen, müssen wir auch diszipliniert daran arbeiten und dürfen uns nicht ausruhen. Wir müssen den Baum unserer Persönlichkeit immer wieder gießen, bis er unsere gewünschte Größe erreicht hat. Anschließend müssen wir dafür sorgen, damit er so bleibt, wie er ist, und nicht austrocknet. Doch ohne die nötige Disziplin wird unsere Persönlichkeit nicht gedeihen, ebenso werden wir unsere Träume und Ziele in unserem Leben nicht erreichen. Ohne Disziplin werden wir nicht weiterkommen, unser Leben nicht erfüllt sein. Wir brauchen Disziplin, um ein erfolgreiches Leben zu führen.

Wie werden wir diszipliniert?

Wir müssen aus einer zunächst ungewohnten Sache eine Gewohnheit mit Struktur schaffen. Eine Gewohnheit zu erschaffen braucht seine Zeit. Aber sie wird kommen, wenn wir regelmäßig etwas dafür tun. Am besten mit einer Routine, an bestimmten Tagen in einer Woche oder im Idealfall täglich. Das Wichtigste ist zunächst einmal anzufangen, danach müssen wir an der Sache dranbleiben und eine Gewohnheit entwickeln. Auch die Disziplin beruht auf Selbstvertrauen. Wenn wir auf uns vertrauen, dass wir es schaffen werden, wird es auch so kommen. Und um die Disziplin beizubehalten, brauchen wir den Willen, dass wir unser Ziel erreichen und letztendlich Erfolg haben wollen.

Übung 18:

Worin wolltest du schon immer disziplinierter sein? Suche dir eine Sache raus und mache sie zur Gewohnheit. Fange noch heute damit an, denn heute ist der beste Zeitpunkt! Oft hilft es dabei auch, wenn du dir einen detaillierten Tagesplan erstellst, wann du an deiner Sache arbeiten willst. Schreibe dir ganz genau auf, von wann bis wann du daran tätig sein möchtest, und halte diese Zeit, wie einen wichtigen Termin, fest. Wiederhole es dann in regelmäßigen Abständen immer wieder, idealerweise zur gleichen Uhrzeit, bis es zur Gewohnheit wird. Ich bin mir sicher, dass du das schaffst!

14.5 DURCHHALTEVERMÖGEN

Wie gerade angedeutet, ist es schwierig, Disziplin aufrechtzuerhalten und an einer Sache immer und immer wieder dranzubleiben. Auch wenn wir zwischendurch immer wieder fallen, und das werden wir, ist die Kunst und zugleich der Schlüssel zum Erfolg, sich zu motivieren und weiterhin die Disziplin hochzuhalten. Denn was den Erfolglosen von den Erfolgreichen unterscheidet, ist hauptsächlich nur eine einzige Sache: Die Erfolglosen gingen den Weg nicht bis ans Ende, während dort andererseits der Erfolg auf die Erfolgreichen gewartet hat. Hatten diese also eine größere Ausdauer als die anderen? Nein. Aber sie haben nicht aufgehört weiterzugehen, auch wenn die Luft gefehlt und die Beine schlapp gemacht haben. Sie haben gekämpft und insbesondere eines nie getan: aufgegeben.

Das ist die Königsdisziplin, die einen Kämpfer ausmacht und den ein Kämpfer verkörpert. Er gibt niemals auf. Auch dann nicht, wenn es schwer und hart wird und alle Gedanken uns einflüstern wollen, dass Aufgeben jetzt die beste Option für uns ist. Aber das ist sie nicht und wird sie auch nie sein. Wenn wir ein lebenswertes, erfolgreiches, vor allem glückliches Leben führen wollen, dann müssen wir dafür kämpfen und das bedeutet, niemals aufzugeben. Nur derjenige, der nicht aufgibt, wird an sein Ziel kommen. Das Wort, das diese Eigenschaft zusammenfassend beschreibt, heißt: Beharrlichkeit.

Beharrlichkeit ist nicht das schönste Wort, aber der Schlüssel für alles, was wir im Leben erreichen wollen. Wenn wir das beherzigen und beharrlich an einer Sache dranbleiben, stehen uns alle Türen im Leben offen.

Alles hat ein Ende. Du musst es nur erreichen.

Übung 19:

Trainiere dein Durchhaltevermögen. Suche dir eine Aufgabe aus, mit der du an deine Grenzen stößt. Das kann zum Beispiel eine Sportaufgabe sein. Egal welche Aufgabe, Hauptsache, du kommst an deine Grenzen. Nehmen wir mal an, du läufst gerne und deine maximale Anzahl an Kilometern, die du schaffst, sind fünf. Laufe diese, bis du an deine Grenzen kommst. Und auch wenn du jetzt aufgeben willst, sage dir innerlich, dass nicht dein Körper entscheidet, wann er aufhört, sondern dein Kopf. Du entscheidest, wann Schluss ist. Laufe ein Stück weiter und zeige deinem Körper, dass du der Herr über dich bist. Bitte übertreibe nicht sofort. Wichtig ist nur, dass du bei der Aufgabe über deine Grenzen gehst und nicht sofort aufgibst. Wir schaffen so viel mehr, als wir es uns selbst oft zutrauen.

14.6 DER EISERNE WILLE

Um all diese Fähigkeiten eines Kriegers wie Selbstvertrauen, Mut, Disziplin und Durchhaltevermögen beizubehalten, brauchen wir jedoch zusätzlich noch eine wichtige Fähigkeit, die all die anderen zusammenhält und dafür sorgt, dass die nicht verloren gehen auf dem Weg zu unseren Zielen und zu unserem erfolgreichen Leben. Wir brauchen einen Willen, der stärker ist als alles andere auf dieser Welt. Wir brauchen einen Willen, den nichts in dieser Welt zerstören kann. Dafür benötigen wir zunächst einmal ein Ziel: Was für einen Erfolg möchte man im Leben erreichen? Welche Träume und Ziele haben wir?

Die zweite Voraussetzung ist, dass wir das Ziel von ganzem Herzen auch erreichen möchten und dass es uns alles bedeutet. Dass wir es unbedingt wollen. Das ist die Grundlage. Denn unser Wille ist schlicht und einfach das Warum. Immer wenn unser Mut, unsere Disziplin, unser Durchhaltevermögen oder unser Vertrauen an uns selbst nachlassen, steht uns unser Wille zur Seite und wird uns auch durch diese Zeit bringen, wenn alle anderen Fähigkeiten müde werden. Immer wenn alles andere schlapp macht, müssen wir unseren Willen nochmal zum Vorschein bringen und uns fragen: Warum? Warum tue ich das? Warum zur Hölle tue ich das?

Diese Frage müsste uns immer unser Ziel vor Augen bringen, worauf wir hinarbeiten und was wir unbedingt erreichen wollen. Unser Ziel ist unser Warum und das Warum ist unser mentaler Anker, der uns bei Wind und Sturm in Position hält. Nur wenn wir einen unbezwingbaren Willen haben, haben wir auch ein unbezwingbares Durchhaltevermögen und werden niemals aufgeben. Nur durch unsere Beharrlichkeit können wir unsere Disziplin aufrechterhalten. Unser Weg zu unserem Erfolg kann weitergehen und wir werden Stück für Stück mutiger und das Vertrauen in uns selbst wird immer größer.

Wenn wir keinen eisernen Willen haben, werden wir früher oder später aufgeben. Denn uns wird nichts daranhalten, weiterzumachen und zu kämpfen. Doch kein Mensch kämpft umsonst. Wir brauchen etwas, wofür wir kämpfen sollten, sonst lohnt es sich nicht, seine Kraft mit Kämpfen zu verschwenden.

Übung 20:

Was ist dein Warum? Schreibe dir dein Warum auf einen Zettel oder auf ein Plakat und hänge es dir gut sichtbar irgendwo auf, sodass du es immer vor Augen hast. So wirst du immer daran erinnert, wofür du das alles tust. Vor allem, wenn du aufgeben willst, lenke deinen Blick immer wieder auf deinen Zettel oder dein Plakat mit deinem Warum oder rufe es dir ins Gedächtnis. Es wird dir helfen, deinen Weg zu deinem Ziel weiterzugehen.

Wenn wir den Grundstein legen, an uns selbst glauben und einen unbezwingbaren Willen haben, unser Ziel zu erreichen, werden wir niemals aufgeben, werden Disziplin und Mut aufweisen und es schaffen, ein großartiger Kämpfer zu werden. Ein Kämpfer für unser eigenes Leben und auch das der anderen.

In jedem von uns steckt ein Kämpfer, wir müssen uns nur entscheiden, einer zu sein. Dabei kommt es nicht darauf an, eine militärische Ausbildung zu absolvieren, einen Kampfsport oder eine Kampfkunst gut zu beherrschen oder sich körperlich verteidigen zu können. Das, was einen Kämpfer zu einem Kämpfer macht, ist sein Geist. Das ist die größte Waffe, mit der alle anderen besiegt werden können. Alles beginnt im Kopf. Und mit diesem Geist, mit diesem Mindset eines Kriegers, werden wir unser Leben zu einem Meisterwerk formen und alle Hürden und Hindernisse überstehen.

Mit dem Mindset eines Kriegers werden wir die Pflanze unserer Persönlichkeit zu einem großen, verwurzelten Baum züchten, der allen Stürmen und Wetterlagen, die das Leben mit sich bringt, standhält.

KAPITEL 15
DANKBARKEIT UND DEMUT

Ein weiterer Grundbaustein für eine starke Persönlichkeit und gleichzeitig eine Voraussetzung für ein glückliches Leben ist die Dankbarkeit. Die Dankbarkeit erfüllt uns im Inneren und hilft uns, das Leben mit Leichtigkeit zu durchwandern. Sie schenkt uns Kraft und Freude. Und dennoch vergessen wir oft, dankbar zu sein. Dabei hat sie nur eine Voraussetzung bzw. eine Bedingung an uns: nichts für selbstverständlich halten.

> Es fehlt uns nicht an Dingen, für die wir dankbar sein können, sondern es fehlt uns leider immer wieder die Betrachtung, sie nicht für selbstverständlich anzusehen.

Wie viele Sachen und Dinge haben wir in unserem Leben, für die wir unendlich dankbar sein können? Und wie oft vergessen wir, dass wir sie haben? Dabei fängt die Dankbarkeit schon mit unserem eigenen Leben an. Egal, wie unser Leben momentan läuft, wir sollten uns dafür bedanken, dass wir überhaupt die Chance bekommen haben. Denn die Chance, als Mensch geboren zu werden, ist nicht gerade eine große. Unvorstellbar und deshalb umso wichtiger, einfach dankbar zu sein für das Leben. Für dein Leben, das du geschenkt bekommen hast und aus dem du etwas Wundervolles erschaffen kannst.

Ich könnte mit einer unendlich langen Liste fortfahren mit all den Dingen, für die wir dankbar sein und uns glücklich schätzen könnten, aber am Ende musst du deine eigene Liste führen und dir klarmachen, wofür du dankbar in deinem Leben bist. Bist du dankbar für deine Gesundheit, ein Dach über dem Kopf, das tägliche Essen oder für die Menschen, die um dich herum sind?

Wofür bist du dankbar in deinem Leben?

Jeder hat Dinge im Leben, für die er dankbar ist. Wichtig ist es nur, diese Dinge aufs Neue in uns zu aktivieren. Jeden Tag sollten wir daran denken und uns klarmachen, dass kein einziger Punkt auf unserer Dankesliste selbstverständlich ist. Wenn wir uns diese Dinge, für die wir dankbar sind, immer wieder abrufen, werden wir ein Gefühl von Freude und Glück in uns spüren. Wir werden glücklich darüber, was wir alles besitzen, obwohl nichts von alledem selbstverständlich ist: Dankbarkeit ist der Schlüssel zum Glücklichsein.

Übung 21:

Schaue dir im ersten Schritt nochmal die Punkte aus Übung 1 an, die bei dir im Leben bisher gut verlaufen sind, und sei einmal vom tiefsten Herzen dankbar, dass diese Punkte in deinem Leben so verlaufen sind, wie sie verlaufen sind. Dies ist nicht selbstverständlich! Schreibe dir anschließend im zweiten Schritt eine Liste mit zehn Sachen auf, für die du dankbar bist. Lege den Zettel anschließend sicher weg, zum Beispiel in ein Fach deines Portemonnaies. Wenn du traurig bist oder der Tag mal nicht so gut läuft, schlage deine Dankesliste auf. Du wirst sehen, worauf es im Leben wirklich ankommt, und deine Probleme werden ein Stück kleiner.

Diese Betrachtungsweise hat auch viel mit Demut zu tun. Ein weiterer Baustein für eine starke und ausgeglichene Persönlichkeit. Egal, ob unsere Achterbahn des Lebens auf und ab fährt, wir sollten immer demütig bleiben. Und wie so viele Eigenschaften beginnt Demut mit der Liebe zu sich selbst: mit der Selbstliebe. Wenn wir uns annehmen, wie wir sind, und uns selbst lieben, können wir auch die anderen Menschen lieben, so wie sie sind. Wir werden die anderen Menschen respektieren und schätzen und in den meisten Fällen den gleichen Respekt, den wir anderen gegenüber aufgebracht haben, zurückernten.

> Der Kreislauf, der mit der Liebe zu dir selbst beginnt, endet mit der Liebe, die du von den andren zurückbekommst. Aufgrund der Liebe, die du gibst.

Wenn wir uns selbst lieben, sind wir in der Lage, demütig zu handeln. Denn wir sind mit uns als Mensch zufrieden, können diese Zufriedenheit nach außen tragen und die Menschen um uns herum und unsere Umwelt schätzen. Ein großer Aspekt spielt dabei die Bescheidenheit. Um demütig zu handeln, ist es notwendig, bescheiden zu sein. Es zeugt nicht von großer Stärke, geschweige denn von Demut, immer auf seine Vorteile zu beharren und der ganzen Welt zu zeigen, dass man der Stärkste und Beste ist. Genauso wenig bedeutet Demut auch, sich permanent runterzuspielen oder sich kleinzumachen.

Demut bedeutet viel mehr: Mut zum Dienen. Sei bereit zu dienen und nicht bedient zu werden. Sei zudem so, wie du bist, und schätze und liebe andere Menschen so wie dich selbst, dann gewinnst du ein gesundes Maß an Demut.

Übung 22:

Nimm dir vor, dich einmal am Tag etwas zurückzunehmen und jemand anderem den Vortritt zu lassen. Gib jemand anderes im Bus deinen Sitzplatz, helfe einer älteren Person beim Tragen oder sage dem Verkäufer an der Kasse einfach mal: „danke." Du wirst sehen, wie glücklich es dich selbst macht, wenn du ein bisschen demütig bist. Und meistens bekommt man die Liebe, die man gibt, auch wieder zurück. Es lohnt sich allemal!

KAPITEL 16
ZUKUNFT

Genauso wie die Vergangenheit unsere Gegenwart beeinflusst, beeinflusst unsere Gegenwart auch unsere Zukunft.

Wie bereits erwähnt, sind wir selbst der Regisseur unseres Lebens. Wir können entscheiden, wie wir heute leben und was wir aus jedem einzelnen Tag machen. Ich habe dir bereits die Frage gestellt, wie die perfekte Welt für dich aussehen mag, und aufgezeigt, dass so eine perfekte Welt nur eine Illusion bleibt. Daher formuliere ich die Frage ein wenig um und ersetze das Wort Welt durch das Wort Leben: Wie sieht dein perfektes Leben aus? Welche Träume und welche Ziele hast du? Jeder hat da bestimmt seine eigenen Vorstellungen von Perfektion. Jeder hat Träume, doch die wenigsten haben Ziele. Und ohne Ziele können unsere Träume auch nicht erreicht werden.

Wie für unsere Gegenwart dürfen wir auch für unsere Zukunft kämpfen.

16.1 TRÄUME

Vieles in unserem Leben tun wir, um anderen zu gefallen. Und vieles tun wir, was die Gesellschaft uns vorschreibt.

Wir werden so erzogen, einen bestimmten Weg zu gehen. Wir gehen erst in die Schule und dann erlernen wir einen Beruf. Wir machen eine Ausbildung oder studieren, damit wir später genug Geld, Erfolg und Anerkennung haben, denn das sind die Dinge, die in der Gesellschaft zählen. Wir gehen arbeiten, verdienen unser Geld und befriedigen unser Selbst anschließend mit materiellen Dingen, die uns für einen kleinen Moment glücklich machen. Doch irgendwann vergeht dieses Glücksmoment. Wir kaufen dementsprechend wieder materielle Sachen, um uns wieder zu beglücken. Immer wieder und wieder. Wir tauschen unsere kostbare Lebenszeit für materielle Dinge ein, die uns nur kurzweilig Glücksmomente verschaffen.

Wir arbeiten dann Jahrzehnte in einem Beruf, der uns vielleicht gar keinen Spaß macht. Aber wir müssen es tun. Wir brauchen das Geld, um zu überleben, damit es uns gutgeht und damit für unsere Familie gesorgt ist. Nach etlichen Jahren erreichen wir dann die Rente. Wir haben zwar das ganze Leben gearbeitet, aber immer noch nicht genug Geld. Aber jetzt haben wir Zeit. Wir haben Zeit, all die Dinge zu tun, die wir auch tun wollen und Spaß machen. Wir fangen an, das Leben zu genießen und das Leben auch wirklich zu leben. Aber auch diese Zeit ist begrenzt und nicht ewig, denn wir sind schon alt geworden und das Leben neigt sich dem Ende.

Das ganze Leben haben wir uns für eine Firma, ein Unternehmen oder eine Arbeit geopfert, damit wir am Ende unserer Tage das Leben leben. Doch was hätten wir stattdessen auch tun können? Wir wurden schließlich so erzogen, diesen einen Weg zu gehen, der uns von allen so vorgelebt und empfohlen wurde. Diesen Weg, der uns glücklich, zufrieden, reich und erfolgreich machen soll, wenn wir diesen gehen. Doch am Ende dieses Weges bleibt nur noch ein wenig Lebenszeit übrig, die wir uns so ausmalen können, wie wir es wollen. Ist es das wert?

All unsere Träume und Visionen, die wir haben, sind auf diesem Weg verloren gegangen, denn auf ihm muss man gehorchen und sich kleinmachen. Und wenn wir dann mal von unseren großen Träumen und Visionen gesprochen haben, wurden wir ausgelacht und nicht ernst genommen. Daraufhin haben wir dann selbst den Glauben daran verloren und unsere Träume und Visionen ganz schnell wieder vergraben, bis sie in Vergessenheit gerieten. Wir haben aufgegeben, daran festzuhalten, und gehen lieber den Weg, den alle gehen. Den Weg, den uns die Gesellschaft vorschreibt, der uns das Glück der Welt verschaffen soll. Wieder ganz nach der Gesellschaft. Erst wenn wir alt sind und Zeit haben, denken wir darüber nach, die Dinge zu tun, die wir gerne tun würden, und über unsere Träume und Visionen. Doch vielleicht ist es schon zu spät dafür. Warum fangen wir erst so spät an, wenn uns die Kräfte schon fast verlassen haben, das Leben so zu leben, wie wir es gerne leben würden?

Mit deinem ersten Atemzug wurde dir das Leben in die Hände gegeben. Warum geben wir es im Laufe unseres Lebens also wieder ab und versklaven es für jemand anderen? Dein Leben gehört nur einem, nämlich dir. Du bist der Einzige, der das Recht hat, über dein Leben zu bestimmen, und du hast das Recht, dein Leben so zu gestalten, wie du es tief im Herzen auch leben möchtest. Dein Leben hat Träume und Visionen. Erst diese machen dein Leben lebenswert und geben dir einen weiteren Sinn. Niemand hat das Recht, dir deine Träume zu entreißen und dir vorzuschreiben, wie du dein Leben zu führen hast.

Warum halten wir nicht an unseren Träumen fest und kämpfen für sie? Warum kämpfen wir nicht für unser eigenes Leben, anstatt es in die Hände anderer zu legen?

Die Antwort ist ganz einfach: Wir haben Angst. Wir sind zu bequem, um unsere Komfortzone zu verlassen, haben Angst, der Gesellschaft den Rücken zuzukehren, und Zweifel daran, diese Träume und Visionen jemals zu erreichen. Unsere Angst führt dazu, dass wir unser Leben in die Hände anderer abgeben und so leben, wie die Gesellschaft es uns vorschreibt, ohne unsere Träume und Visionen. Doch das ist nicht dein Leben und wird es auch nie werden, wenn du nicht aufstehst und anfängst, deinen eigenen Weg zu gehen, bis du an dein Ziel gelangt bist. Dein Ziel ist es, deine Träume zu realisieren und keine Rente, die dir erlaubt, mehr oder weniger endlich das Leben zu leben, das du auch leben möchtest.

> Wenn dir jemand sagt, dass du es nicht schaffst, macht er damit klar, wo seine Grenzen liegen. Das heißt nicht, dass auch deine Grenzen dort sind.

Deine Träume und Visionen sind dein größter Schatz. Es lohnt sich allemal, für diesen Schatz zu kämpfen, ihn bis ans Ende zu verfolgen und ihn nie loszulassen, egal was war, was kommt oder versucht, deine Träume zu zerstören. Träume zu haben und daran festzuhalten ist wie eine Beziehung mit einem Ehepartner. Zu Beginn der Beziehung ist noch alles rosig und wunderschön. So ist es mit unseren Träumen auch. Man empfindet ein Glücksgefühl. Nach und nach kommen jedoch die nicht so schönen Seiten ans Licht – wie in einer Beziehung auch. Man hat Zweifel, ob man seine Träume jemals erreichen wird, und Angst, Risiken einzugehen.

In jeder Beziehung gibt es Höhen und Tiefen. Heutzutage brechen viele die Beziehung ab, weil sie sich gerade in einem Tief befinden, und lassen sich dann beispielsweise scheiden. Kein Wunder, dass diese Menschen nie ihre Träume erreichen werden, wenn sie bei jedem Tiefschlag aufhören weiterzugehen und aufgeben. In einer Ehe wird es immer Höhepunkte und Tiefpunkte geben, so ist nun mal das Leben. Doch in einer wahren Ehe oder einer wahren Liebe geht man auch durch die schweren Zeiten. Das schweißt die Liebe zwischen zwei Menschen oder die Ehe zwischen zwei Ehepartnern doch erst zusammen und macht diese Liebe erst richtig tief. In einer wahren Liebe würde der andere auch für den anderen sterben, egal ob die Achterbahn des Lebens gerade hoch- oder runterfährt. So verhält es sich auch mit unseren Träumen.

> Wir müssen die Hingabe entwickeln, für unsere Träume zu sterben, so als wären unsere Träume die Liebe unseres Lebens.

Wir müssen daran festhalten – für immer. Wir müssen mit unseren Träumen eine Beziehung führen und sie als etwas Selbstverständliches annehmen, wenn die Beziehung gerade mal nicht läuft, wenn wir Zweifel und Angst haben. Kein Mensch, der seine Träume vielleicht schon erreicht hat, wird sagen, dass der Weg bis dahin einfach war und dass es keine schwierigen Momente gab. Genauso wenig wird ein Ehepaar, das gerade seine goldene Hochzeit feiert, sagen, dass die Beziehung bisher ausschließlich rosig und wunderschön verlief. So ist das Leben: an einem Tag wunderschön, am anderen weniger. Die Sonne scheint auch nicht jeden Tag. Und das ist auch gut so, denn ohne Regen würde nichts mehr wachsen.

Übung 23:

Was sind deine Träume? Jeder Mensch hat seine persönlichen. Und auch du wirst deine Träume haben. Horch einmal in dich hinein und sammle deine vielleicht vergessenen Träume einmal zusammen. Schreibe sie, wenn du magst, auf oder drucke dir ein Bild symbolisch für deinen Traum aus und hänge es dir gut sichtbar irgendwo hin. Wichtig ist, dass du sie von nun an nicht mehr aus den Augen verlierst, denn sie sind dein persönlicher Schatz, für den es sich zu kämpfen lohnt!

16.2 KOMFORTZONE

Im Unterkapitel Mut wurde bereits auf die Komfortzone eingegangen, in der sie wie eine Art Festung auftrat. In diesem Kapitel wird nochmals auf die Komfortzone eingegangen und sie anhand anderer Beispiele verdeutlicht, da das Thema letztlich entscheidend ist, ob wir unsere Träume erreichen oder nicht.

Der Weg hin zu deinen Träumen ist nicht einfach. Doch er wird sich lohnen. Stelle dir dein Leben einmal vor wie eine Bergwanderung. Du startest im Tal und dein Ziel, sprich deine Träume und Visionen, warten auf dich auf der Spitze des Berges. Nun gibt es zwei Möglichkeiten: Entweder wir gehen diesen steilen Weg hinauf oder wir bleiben im Tal. Ich kann sehr gut nachvollziehen, warum Variante zwei zunächst attraktiver wirken mag, denn beim ersten Anblick macht die Wanderung zur Bergspitze Angst und scheint etwas Unmögliches zu sein, während der Talweg sicher und machbar ausschaut. Doch der einfachere Talweg wird uns nur um den Berg herumführen, nie hinauf zu unseren Träumen. Unser Leben lang würden wir uns im Kreis drehen und nie die Aussicht auf der Bergspitze genießen können.

Oft bevorzugen wir Menschen es, in unserer Komfortzone zu bleiben, denn diese verspricht uns Sicherheit und das Gefühl von Geborgenheit. Wie in einer Seifenblase gefangen, schauen wir aus dem Inneren, aus unserer Komfortzone, durch die durchsichtige Wand der Seifenblase nach draußen, wo sich unsere Träume befinden. Doch wir haben Angst, diese Seifenblase zu durchbrechen und auf unsere Träume zuzugehen, denn dann wären wir schutzlos. Also entscheiden wir uns häufig, lieber in der Seifenblase zu bleiben, und schauen dabei zu, wie unsere Träume an uns vorbeiziehen. Wir entscheiden uns für die Sicherheit anstatt der Freiheit. Ist es das wert? Wir bleiben schließlich auch nicht den ganzen Tag zuhause und gehen nicht mehr raus, weil es zuhause viel sicherer ist. Draußen könnten wir von einem Auto überfahren werden, ein Flugzeug könnte auf uns stürzen oder wir könnten überfallen und ausgeraubt werden. In unserer Wohnung wäre eine solche Chance deutlich geringer. Es wäre sicherer. Aber das Leben spielt sich nicht nur zuhause ab, sondern da draußen, wenn wir frei sind und überall hingehen können, wohin wir auch wollen. Wenn wir unsere Komfortzone verlassen, bedeutet dies, dass wir unsere Sicherheit, unsere Schutzweste ablegen müssen. Wir sind verwundbarer und können leichter verletzt werden, aber dafür sind wir frei und können unseren Träumen entgegengehen. Auf dem Weg zu ihnen werden wir oft fallen und uns fragen, warum wir unsere Schutzweste abgelegt haben. Wir werden uns fragen, warum wir nicht in unserem geborgenen Zuhause geblieben sind, wo es so viel wärmer war als hier draußen in der Kälte. Wir wollen umkehren, aufgeben und diesen Weg nicht ein Stück weitergehen. Nun haben wir die Entscheidung, umzukehren und uns wieder in unserer Komfortzone einzusperren oder voranzuschreiten und unseren Träumen wieder ein Stück näherzukommen. Weiterzugehen ist schmerzhafter als umzukehren. Doch wenn wir umkehren, verlieren wir unsere Träume und werden sie nie erreichen. Also bleibt nur eine einzige Entscheidung, die akzeptabel scheint: Wir müssen den Schmerz einstecken und weitergehen. Wenn wir stürzen und auf den Boden fallen, müssen wir aufstehen und uns die Frage stellen, warum wir gestürzt sind. Wenn wir einen Fehler gemacht haben, zum Beispiel die Wurzel auf dem Boden nicht gesehen haben, und deswegen gefallen sind, müssen wir daraus lernen, das nächste Mal auf den Boden schauen und über die Wurzel gehen.

Allerdings ist der Weg vielleicht auch einfach der falsche Weg. Das heißt nicht, dass wir den Weg dann wieder zurückgehen, sondern es heißt vielmehr, dass wir nach einem neuen

Weg Ausschau halten müssen. Wir müssen analysieren, warum wir gefallen sind, um die passende Lösung für das Problem zu finden. Oft ist es kompliziert und die Lösung liegt im Verborgenen, doch sie existiert und lässt sich auch finden, wenn man nur lange genug danach sucht.

Der Weg hin zu unseren Träumen ist steil wie steinig und wir werden nicht nur einmal stolpern oder Zweifel daran haben, ob es richtig ist, diesen Weg weiterzugehen. Wichtig ist nur durchzuhalten und immer weiterzugehen.

> Es spielt keine Rolle, in welchem Tempo wir uns unseren Träumen näherkommen. Das Wichtigste ist nur, dass wir nicht stehenbleiben und keinen Tag damit verschwenden, nicht an unseren Träumen zu arbeiten.

Jeden Abend, an dem wir zu Bett gehen, sollten wir uns diese eine Frage stellen: Was habe ich heute getan, um meinem Traum einen Schritt näherzukommen? Dabei spielt es keine Rolle, wie groß dieser Schritt war. Es kann die kleinste Sache sein. Hauptsache, man ist keinen einzigen Tag stehengeblieben, denn jeder Tag ist kostbar.

Der Weg hin zu unseren Träumen erfordert viel Disziplin und Durchhaltevermögen. Doch noch wichtiger als diese zwei Eigenschaften ist der Wille, deine Träume und Visionen zu erreichen – komme, was wolle. Denn der Wille rettet dich, wenn deine Disziplin und dein Durchhaltevermögen versagt haben.

Übung 24:

Stelle dir jeden Abend, bevor du schlafen gehst, diese eine Frage: Was habe ich heute für meine Träume getan?

16.3 DER WEG IST DAS ZIEL

Viele setzen sich ein hohes Ziel, das sie erreichen möchten: die Bergspitze. Dabei ist das viel wichtigere Ziel, dem wir uns stellen müssen, gar nicht die Spitze, sondern der Weg, den wir gehen. Wichtig ist es also, nur auf dem Weg zum Ziel zu bleiben und nicht rechts oder links abzubiegen. Das heißt nicht, dass wir unsere Vision und unsere Träume aus den Augen verlieren sollen. Ganz im Gegenteil, wir sollten sie uns immer vor Augen halten. Und dabei sollte das primäre Ziel der Weg, sekundär das Erreichen sein.

Damit uns das Wandern auf die Bergspitze leichter fällt und wir unsere Träume und Visionen mit mehr Leichtigkeit erreichen können, sollten wir uns den Weg zudem in viele kleine Zwischenziele aufteilen. So wirkt uns der Weg zum einen nicht mehr so lang und schwierig, zum anderen erleben wir viele kleine Erfolgserlebnisse mit jedem Erreichen einer weiteren Etappe.

Was sind deine Zwischenziele?

16.4 VERLIEBE DICH IN DEINEN WEG

Wir verlieben uns häufig in die Vorstellung, an der Spitze des Berges anzukommen und die Aussicht von dort oben zu genießen. Und das ist auch enorm wichtig, denn es ist unser „Warum“ und unser Antrieb. Genauso wichtig ist es aber auch, sich in den Weg zu verlieben. Egal, ob dieser Weg mal steiler oder flacher ist. Wir sollten nicht mit Scheuklappen stur und strickt den Berg hochhetzen, sondern uns auch mal eine Pause gönnen. Uns auf einer Bank niederlassen und ins Tal hinunterschauen, sehen, wie viel wir schon hinter uns gebracht haben, welchen Weg wir schon gegangen sind. Und dann sollten wir stolz auf uns sein. Oft vergessen wir nämlich, uns selbst zu loben und uns auch mal selbst auf die Schulter zu klopfen.

Stattdessen sehen wir oft nur den Weg vor uns, den wir noch gehen müssen. Daher ist es umso wichtiger, ab und zu einen Schulterblick zu machen und zu sehen, was man schon erreicht hat. Das gibt uns Kraft und Mut, auch den restlichen Weg zu meistern.

> Mache den Weg zu deinen Träumen zu deinem Weg und genieße ihn – vom Beginn bis zum Ende, mit all seinen Etappen, sowohl den einfachen als auch den schwierigen.

KAPITEL 17
UNSERE ZEIT IST GEZÄHLT

Auch wenn sich das noch nicht real anhören mag, sei gesagt, dass wir nicht ewig Zeit haben. Daher ist es umso wichtiger, sie sinnvoll und mit Bedacht zu nutzen, denn sie ist nicht unendlich. Das Ende unseres Lebens wird kommen. Und das hat auch etwas Gutes. Denn wenn wir uns ins Gedächtnis rufen, dass wir eines Tages sterben werden, macht es unsere Lebenszeit umso kostbarer. Es ist der Antrieb, das Beste aus unserem Leben zu machen, da wir nur eines haben. Wir sollten viel öfter dem Tod ins Gesicht schauen und uns immer wieder klarmachen, dass unsere Zeit gezählt ist. Wir haben keine Zeit, unsere Zeit zu verschwenden.

17.1 DAS ENDE UNSERES LEBENS

Der Tag wird kommen, an dem wir uns verabschieden müssen – von allem. Von dieser Welt, von unseren Geliebten. Es wird der Tag kommen. Der Tag, der unser letzter sein wird. Der Tag, an dem wir diese Welt das letzte Mal durch unsere Augen sehen werden. Der Tag, an dem wir sterben. Wir wissen nicht wann, wo und wie. Aber wir wissen, dass dieser Tag kommen wird. Eines Tages, an dem wir ihn nicht erwartet hätten.

Vielleicht werden wir es spüren, dass dieser Tag immer näherkommt und vielleicht kommt dieser auch ganz plötzlich. Wir wissen es nicht. Jeder Tag könnte unser letzter sein. Jeder Morgen, an dem wir aufstehen, und jeder Abend, an dem wir zu Bett gehen, könnte unser letzter sein. Wir denken nie darüber nach, dass der Tod so unberechenbar sein kann und uns jederzeit treffen könnte. Wir sollen leben, als wäre es unser letzter Tag. Jeder kennt diesen Spruch – doch keiner lebt so. Wir leben, als hätten wir ewig Zeit. Als wäre unser Leben unendlich lang.

Wir schieben Sachen auf, denn morgen ist ja auch noch ein Tag, denken wir. Wir planen unser Leben Wochen, wenn nicht Monate lang voraus. Dabei können wir es doch gar nicht wissen, ob wir morgen überhaupt noch einmal aufwachen werden. Wir leben, als wäre unsere Zeit unbegrenzt, dabei sind unsere Tage schon längst gezählt. An jedem Tag, der zu Ende geht und wir unsere Augen in unserem Bett schließen, um zu schlafen, haben wir einen Tag unseres Lebens mehr gelebt, der nun vorbei ist. Er wird von der Liste gestrichen. Unser Leben ist nicht lang, auch wenn es uns manchmal so vorkommt. Eigentlich ist unser Leben verdammt kurz. Jeder Tag, jede Stunde, jede Minute und jede Sekunde kommt nie wieder zurück und ist deshalb so unglaublich kostbar. Und weil diese Tage, Stunden, Minuten und Sekunden so unglaublich wertvoll sind, sollten wir sie auf keinen Fall verschwenden.

Am Ende der Liste unseres Lebens steht der letzte Tag. Alle anderen sind bereits durchgestrichen, Vergangenheit und nur noch in unseren Erinnerungen in Bruchstücken vorhanden. Unser Leben und unsere Tage sind gelebt. Wir sind am Ende unseres Lebens auf Erden angelangt, am allerletzten Tag, an dem wir uns wieder diese eine Frage stellen, die zu Beginn schon einmal gestellt wurde: Wie war mein Leben?

Die Erinnerungen an besondere und glückliche Momente in unserem Leben würden in unseren Gedanken auftauchen, unser Mund würde ein leichtes Lächeln in unser Gesicht zaubern und die Erinnerungen an gefühlvolle wie traurige Momente würden sich in unseren tränenden Augen widerspiegeln. Es wäre wahrscheinlich überaus emotional und eine kleine Achterbahnfahrt der Gefühle, so wie auch unser ganzes Leben eine Achterbahnfahrt war – mit Höhen und Tiefen. Die Antwort auf diese Frage „Wie war mein Leben?“ sollte aber immer lauten: Es war das Beste, was ich aus den Karten meines Lebens gemacht habe, und ich bereue nichts, was ich getan oder nicht getan habe.

Mit diesem Gefühl können wir in Frieden sterben und von dieser Erde gehen. Wir lassen alles zurück, denn wir waren nur Gast auf diesem Planeten. Weder Besitztümer, Verwandte und Familie noch unseren eigenen Körper können wir mitnehmen. Alles bleibt auf der Erde zurück, denn wir waren nur ein Gast des Hotels.

Dein Leben ist aber noch nicht gelebt. Deine Tage sind noch nicht alle durchgestrichen. Deine Tage stehen noch vor dir, bis der eine, der letzte Tag kommt. Wir sollten diesen Tag immer im Gedächtnis halten und uns an jedem Morgen bewusst machen, dass es dieser eine Tag, unser letzter Tag sein könnte. Und wir müssen uns deshalb jeden Tag diese eine Frage stellen. Eine der wichtigsten Fragen, wenn nicht die wichtigste Frage überhaupt:

Wie lebe ich?

Ist dein Leben so, wie du es gerne leben würdest? Dabei ist es gut, wenn unsere Antwort auf diese Frage nicht so ist, wie wir sie vielleicht gerne hätten. Nur so können wir feststellen, was noch nicht so gut läuft, was uns noch zu unserem Glück fehlt oder was wir gerne noch machen würden. Es ist besser, diese Sachen besonders früh festzustellen, und deswegen umso wichtiger, diese Frage so oft zu stellen wie nur möglich. Denn keiner will an seinem letzten Tag bereuen, etwas getan oder nicht getan zu haben.

KAPITEL 18
WORAUF KOMMT ES IM LEBEN ALSO AN?

Im Leben kommt es nicht darauf an, mit welchen Voraussetzungen wir unser Leben begonnen hatten. Es zählt auch nicht, wie wir aussehen, wie viel Erfolg wir haben, wie andere uns beurteilen oder was die Gesellschaft von einem denkt.

Das, was im Leben zählt, ist morgens früh aufzustehen, die Augen zu öffnen, seine Hand auf sein Herz zu legen, zu spüren, wie das Herz pumpt, und zutiefst dankbar zu sein, dass du lebst und ein neuer Tag deines Lebens vor dir liegt. Wenn wir anfangen, für all die Dinge dankbarer zu werden, die wir bereits besitzen oder schon erlebt haben, und das sind enorm viele, werden all unsere Probleme Stück für Stück kleiner. Wir werden viel glücklicher mit uns selbst und mit der ganzen Welt. Wir müssen Danke sagen, dass wir atmen, dass wir etwas zu essen haben, ein Dach über dem Kopf besitzen und für so unendlich vieles mehr. Allein die Tatsache, morgens aufzustehen und zu leben, müsste uns jeden Tag aufs Neue glücklich machen. Nur wie so oft nehmen wir alles viel zu selbstverständlich und vergessen, dass nichts im Leben selbstverständlich ist.

Wir sollten viel mehr in der Zeit leben, in der wir auch leben: in der Gegenwart – und nicht in der Vergangenheit oder der Zukunft. Wir leben jetzt in diesem Moment. Also sollten wir uns auch auf den Moment konzentrieren und den Moment genießen. Andernfalls verpassen wir ihn. Im Leben kommt es auf die kleinen, unscheinbaren Dinge an und darauf, sich für die kleinen Dinge im Leben zu freuen.

Es ist nicht wichtig, immer der Beste zu sein. Wir müssen das nicht. Es reicht, der zu sein, der wir wirklich sind, und zu versuchen, die beste Version seines Ichs zu werden. Wir sollten also aufhören, uns ständig zu vergleichen, denn das macht uns nur unglücklich und das haben wir gar nicht nötig, denn wir sind wir und sie sind sie. Wir wollen schließlich das Beste aus uns machen und nicht anderen nachahmen. Wir sind genau so, wie wir sind, gewollt und auf diesem Planeten erwünscht. Wir alle sind unbezahlbare Individuen. Und diese Welt braucht jeden einzelnen von uns, denn jeder hat seine ganz individuelle Aufgabe hier. Wir sind nicht umsonst hier. Wir müssen nur in uns hineinhorchen und unsere Berufung finden.

Des Weiteren sollten wir unsere Leben nicht zu ernst nehmen. Es ist gut, Dinge ernst zu nehmen, aber nicht zu sehr. Wir sollten lockerer sein und entspannter. Und vor allem sollten wir nicht zu streng mit uns selbst sein oder uns selbst ständig verurteilen. Wir sollten das Leben schlicht und einfach mit Humor nehmen. Anstatt uns über so viele Dinge zu ärgern, sollten wir mehr darüber lachen und auch über uns selbst lachen können. Wir sollten viel mehr Dinge tun, die wir vielleicht nie tun würden. Vor allem aber sollten wir Spaß am Leben haben und so viele Eindrücke wie möglich mitnehmen. Wir sollten so viel erleben, reisen und unternehmen wie nur möglich. Damit wir eines Tages unseren Enkeln von unseren aufregenden Geschichten berichten können.

Warum schreiben wir uns nicht einfach wie in manchen Filmen unsere eigene Wunschliste und tun die Dinge? Das ist doch das, worauf es im Leben ankommt. Ein lebenswertes und aufregendes Leben zu leben. Ein Leben in Bewegung. Wir leben schließlich, soweit ich weiß, nur einmal auf diesem Planeten. Also lass uns alles tun, was wir auf diesem Planeten schon mal tun wollten. Lass uns nicht warten, bis der perfekte Tag kommt. Denn dieser Tag wird nicht kommen. Wir leben heute.

Das, was uns neben der Dankbarkeit, dem Nicht-Vergleichen und Nicht-zu-ernst-nehmen und all den Sachen, die wir gerne erleben würden, am allerglücklichsten machen wird, ist die Liebe, die wir anderen geben. Das, was wir für andere tun, ohne irgendeine Erwartung oder den Anspruch auf eine Art Rückerstattung der Liebe, erfüllt uns als Menschen und ist mit nichts anderem auf dieser Welt vergleichbar. Kein Geld, kein Ansehen, kein Beruf und kein Erfolg erfüllen dich so sehr wie die Liebe, die du dem anderen schenkst. Jeden einzelnen Tag müssen wir versuchen, auch wenn es nicht immer klappt, ein liebender Mensch zu sein. Wir müssen versuchen, ein liebender Ehepartner, ein liebender Vater oder eine liebende Mutter, ein liebender Sohn oder eine liebende Tochter, ein liebender Arbeitskollege oder eine liebende Arbeitskollegin, ein liebender Nachbar oder eine liebende Nachbarin und insbesondere ein liebender Mensch zu sein. Geben wir anderen Liebe, werden wir meistens Liebe bekommen. Und unsere größte Sehnsucht, von anderen Menschen geliebt zu werden, wird befriedigt. Wir müssen uns nicht der Gesellschaft wegen verstellen, um geliebt zu werden. Wir müssen nur so sein, wie wir sind und den anderen aus tiefstem Herzen und Überzeugung bedingungslos lieben. Auch diejenigen, die dich nicht lieben. Denn das zeigt nur, dass sie selbst keine Liebe empfangen. Sie haben es am meisten nötig, geliebt zu werden.

Wenn wir das alles schaffen und wenn es auch nur ein Bruchteil von alldem ist, werden wir glücklicher und unser Leben wird lebenswerter. Und wenn es uns gutgeht und wir glücklicher werden, werden wir auch erfolgreicher in allen Bereichen unseres Lebens. Wir haben mehr Lebensfreude, mehr Kraft und Willen, unser Leben zu leben und besonders so zu leben, dass wir am Ende unserer Tage nichts bereuen werden. All unsere Träume können sich erfüllen, wenn wir mit einer glücklichen Einstellung und dem richtigen Willen an sie herantreten. Unser Leben wird endlich zu unserem Leben, zu unserem eigenen Meisterwerk.

Und trotzdem, auch wenn sich das alles sehr schön anhört, wird die Härte des Lebens nicht verschwinden. Das Leben könnte einen immer wieder in die Knie zwingen. Wie gesagt: Es gibt keine problemlose Welt! Daher dürfen wir nie im Leben vergessen, ein Krieger zu sein und zu kämpfen für alles, was uns wichtig ist, und niemals, ich meine wirklich nie-, nie-, niemals aufgeben!

Lasst uns für unser Leben kämpfen. Lass uns der Kämpfer unseres Lebens werden und nicht der Sklave unseres Lebens. Lass uns dafür kämpfen, die anderen Menschen lieben zu können. Und lass uns dafür kämpfen, dass wir in ihren Herzen weiterleben, wenn unsere Reise des Lebens, unsere Achterbahnfahrt, unsere Zugfahrt, unser Weg eines Tages endet.

Und lass uns auch dafür kämpfen, dass wir am Ende unserer Tage auf die Frage, wie unser Leben war, nicht mit der Antwort kommen müssen, dass wir bereuen, etwas nicht getan zu haben, denn das werden wir uns nie wieder verzeihen können.

Übung 25:

Das folgende Versprechen ist ein Versprechen an dich selbst. Ließ es dir genau durch. Wenn du damit einverstanden bist und endlich anfangen willst, für dein Leben zu kämpfen, unterschreibe dein Versprechen wie einen Vertrag, den du mit dir selbst schließt. Es ist der erste Schritt zu einem lebenswerten Leben, zu dem Leben, das du verdient hast. Denn dein Leben ist lebenswert!

Dein Versprechen

Lass uns jetzt
Hier
In diesem Moment, in dem wir diese Worte lesen
Genau jetzt
Lass uns jetzt selbst versprechen, dass wir für all diese Dinge in unserem Leben kämpfen werden
Für unser Leben
Und lass uns jetzt versprechen, der Kämpfer unseres Lebens zu werden und nicht der Sklave
Lass uns jetzt selbst versprechen, dass wir uns lieben werden, wie wir sind
Lass uns jetzt selbst versprechen, dass egal, was kommt, wir an dieser Liebe festhalten werden
Denn es ist die wichtigste Liebe unseres Lebens
Lass uns jetzt endlich anfangen zu kämpfen
Lass uns entscheiden, ein Kämpfer zu sein
Von diesem Moment an bis zu unserem Tod auf dieser Erde
Lass uns kämpfen für ein lebenswertes Leben
Für das beste Leben, dass wir verdient haben zu leben
Es ist nie zu spät dafür!

Unterschrift: ....

IMPRESSUM

Bibliografische Information der Deutschen Nationalbibliothek:
Die Deutsche Nationalbibliothek verzeichnet diese Publikation in der Deutschen Nationalbibliografie; detaillierte bibliografische Daten sind im Internet über http://dnb.d-nb.de abrufbar.

1. Auflage Oktober 2021

https://verrai-verlag.de

Umschlaggestaltung:
ehrle studios Werbeagentur GmbH

Bildquellen Titelbild:
Mrs_ya/Shutterstock.com
kostasgr/Shutterstock.com

Printed in Germany
ISBN 978-3-948342-46-3